D1750381

Helmold
Erfolgsformel Lean

Marc Helmold

Erfolgsformel Lean

Mit Kaizen, Kata und Keiretsu Wettbewerbsvorteile erzielen

HANSER

Die alleinige Verantwortung für den Inhalt trägt der Autor.

MIX
Papier aus verantwortungsvollen Quellen
FSC® C083411

Print-ISBN: 978-3-446-47337-9
E-Book-ISBN: 978-3-446-47440-6

Alle in diesem Werk enthaltenen Informationen, Verfahren und Darstellungen wurden zum Zeitpunkt der Veröffentlichung nach bestem Wissen zusammengestellt. Dennoch sind Fehler nicht ganz auszuschließen. Aus diesem Grund sind die im vorliegenden Werk enthaltenen Informationen für Autor:innen, Herausgeber:innen und Verlag mit keiner Verpflichtung oder Garantie irgendeiner Art verbunden. Autor:innen, Herausgeber:innen und Verlag übernehmen infolgedessen keine Verantwortung und werden keine daraus folgende oder sonstige Haftung übernehmen, die auf irgendeine Weise aus der Benutzung dieser Informationen – oder Teilen davon – entsteht. Ebenso wenig übernehmen Autor:innen, Herausgeber:innen und Verlag die Gewähr dafür, dass die beschriebenen Verfahren usw. frei von Schutzrechten Dritter sind. Die Wiedergabe von Gebrauchsnamen, Handelsnamen, Warenbezeichnungen usw. in diesem Werk berechtigt also auch ohne besondere Kennzeichnung nicht zu der Annahme, dass solche Namen im Sinne der Warenzeichen- und Markenschutz-Gesetzgebung als frei zu betrachten wären und daher von jedermann benützt werden dürften.

Die endgültige Entscheidung über die Eignung der Informationen für die vorgesehene Verwendung in einer bestimmten Anwendung liegt in der alleinigen Verantwortung des Nutzers.

Bibliografische Information der Deutschen Nationalbibliothek:
Die Deutsche Nationalbibliothek verzeichnet diese Publikation in der Deutschen Nationalbibliografie; detaillierte bibliografische Daten sind im Internet unter http://dnb.d-nb.de abrufbar.

Dieses Werk ist urheberrechtlich geschützt.
Alle Rechte, auch die der Übersetzung, des Nachdruckes und der Vervielfältigung des Werkes, oder Teilen daraus, vorbehalten. Kein Teil des Werkes darf ohne schriftliche Einwilligung des Verlages in irgendeiner Form (Fotokopie, Mikrofilm oder einem anderen Verfahren), auch nicht für Zwecke der Unterrichtsgestaltung – mit Ausnahme der in den §§ 53, 54 UrhG genannten Sonderfälle –, reproduziert oder unter Verwendung elektronischer Systeme verarbeitet, vervielfältigt oder verbreitet werden.

© 2023 Carl Hanser Verlag GmbH & Co. KG, München
www.hanser-fachbuch.de
Autor: Marc Helmold, Berlin
Lektorat: Lisa Hoffmann-Bäuml
Herstellung: Carolin Benedix
Covergestaltung: Max Kostopoulos
Titelmotiv: © shutterstock.com/Dzm1try
Satz: Eberl & Kœsel Studio GmbH, Kempten
Druck und Bindung: CPI books GmbH, Leck
Printed in Germany

Inhalt

Kundenzufriedenheit im Fokus VI

1 Einführung 1
1.1 Kunden im Mittelpunkt des Denkens und Handelns –
Okyaksama (お客様) 1
1.2 Produktqualität in Japan 5
1.3 Lean Management im Gegensatz zu traditionellen Fertigungskonzepten . . 6

2 Ursprünge und Entwicklung von Lean Management 9
2.1 Historie 9
2.2 Japanische Kultur als Keimzelle 11
    2.2.1 Bushido: Basis von Ethik und Moral 11
    2.2.2 Ikigai: Freude und Sinn finden 12
    2.2.3 Weitere zentrale japanische Wertvorstellungen 14
2.3 Toyota-Produktionssystem (トヨタ生産方式) 15
2.4 Lean Management in der heutigen Zeit 19

3 Kaizen (改善) – Stetige Verbesserungen in kleinen Schritten . . . 23
3.1 Kaizen und Innovationen 23
3.2 Kaizen (改善) und Kaikaku (改革) 27
3.3 Visualisierung als Teil des Lean Management 28

4 Unternehmenskultur und lernende Organisation 33
4.1 Die Rolle der Führung in der Lean-Management-Kultur 33
4.2 Die Rolle der Mitarbeitenden im Lean Management 34

4.3	Kata (形) – Richtung weisen	35
	4.3.1 Verbesserungs-Kata	37
	4.3.2 Coaching-Kata	38
4.4	Coach und Lehrer: Lean Sensei (リーン先生)	39
4.5	Hoshin Kanri (方針管理) – Strategie finden	40
4.6	Gakushyu Kigyiou (学習企業) – Lernendes Unternehmen	42
4.7	In Kultur verankern	44

5 Keiretsu (系列) und Zaibatsu (財閥) – Wertschöpfungsnetzwerke in Japan … 53

5.1	Ursprünge von Keiretsu-Netzwerken	55
5.2	Zaibatsu	56
5.3	Horizontale Keiretsu-Netzwerke	57
5.4	Vertikale Keiretsu-Netzwerke	58
5.5	Funktion von Keiretsu-Netzwerken	59

6 Konzentration auf Wertschöpfung: Fuka Kachi (付加価値) … 67

6.1	Muda (無駄), Muri (無理) und Mura (斑)	67
6.2	Wertschöpfung und Verschwendung entlang der Wertschöpfungskette	69
6.3	Sieben Arten der Verschwendung: TIMWOOD	71
	6.3.1 Verschwendung durch Transport	72
	6.3.2 Verschwendung durch Bestände	73
	6.3.3 Verschwendung durch überflüssige Bewegungen	74
	6.3.4 Verschwendung durch Wartezeiten	74
	6.3.5 Verschwendung durch Überproduktion	76
	6.3.6 Verschwendung durch Überarbeitung und durch überflüssige Prozesse	76
	6.3.7 Verschwendung durch Defekte	77

7 Prinzipien der schlanken Produktion … 81

7.1	Null-Fehler-Prinzip, Ziehprinzip, Taktprinzip und Fließprinzip	81
	7.1.1 Null-Fehler-Prinzip	81
	7.1.2 Ziehprinzip	82
	7.1.3 Fließprinzip	84
	7.1.4 Taktprinzip	85

7.2	Gemba (現場), Genjitsu (現実), Genchi (現地) und Gembutso (現物)	85
8	**Änderungsmanagement als Teil von Lean Management – Henkou Kanri (変更管理)**	**89**
8.1	Definition und Gegenstand	89
8.2	Exogene und Endogene Ursachen für Veränderungen	90
8.3	Kotters 8-Phasen-Modell	91
	8.3.1 Schritt 1: Ein Gefühl der Dringlichkeit zum Lean Management erzeugen	93
	8.3.2 Schritt 2: Eine Führungskoalition zum Lean Management aufbauen	93
	8.3.3 Schritt 3: Eine Vision des schlanken Wandels entwickeln	94
	8.3.4 Schritt 4: Die Vision des Wandels kommunizieren	94
	8.3.5 Schritt 5: Hindernisse und Barrieren aus dem Weg räumen	95
	8.3.6 Schritt 6: Kurzfristige Ziele festsetzen und Erfolge generieren	95
	8.3.7 Schritt 7: Kurz-, mittel- und langfristige Ziele konsolidieren	95
	8.3.8 Schritt 8: Veränderungen zum schlanken Unternehmen in der Unternehmenskultur verankern	96
9	**Qualitätsmanagementsysteme (QMS) als Teil des Lean Management**	**99**
9.1	Gegenstand von Qualitätsmanagementsystemen	99
9.2	Gegenstand von Audits	99
	9.2.1 Arten der Audits	99
	9.2.2 Systemaudits	100
	9.2.3 Prozessaudits	101
	9.2.4 Produktaudits	102
9.3	Weitere Audits	103
10	**Werkzeuge im Lean Management**	**105**
10.1	Methoden zur Fehlervermeidung	105
	10.1.1 Fehlervermeidung: Poka Yoke (ポカヨケ)	105
	10.1.2 Nivellierung der Produktion: Heijunka (平準化)	109
	10.1.3 Andon (アンドン)	110
	10.1.4 Shadow Boards	111

       10.1.5 Shopfloor-Management. 112
       10.1.6 Total Productive Maintenance (TPM) 112
       10.1.7 Gesamtanlageneffektivität (GAE) 113
       10.1.8 Arbeitssicherheit, Gesundheit und Umwelt. 114
       10.1.9 5S-Konzept. 114
  10.2 Innovations- und Ideensammlungswerkzeuge 119
       10.2.1 Pecha Kucha (ぺちゃくちゃ) 119
       10.2.2 Design Thinking 120
       10.2.3 Brainstorming. 122
       10.2.4 Mindmapping 123
       10.2.5 Action Learning Sets (ALS) 123
  10.3 Qualitäts- und Problemlösungswerkzeuge 125
       10.3.1 A3-Methode. 125
       10.3.2 5 W-Methode 125
       10.3.3 8D-Methode 126
       10.3.4 TRIZ 128
       10.3.5 Ishikawa-Diagramm 129
       10.3.6 Statistische Prozesslenkung 130
       10.3.7 Fehlermöglichkeits- und -einflussanalyse 131
       10.3.8 Pareto-Analyse. 132
  10.4 Digitale Werkzeuge im Lean Management 133
       10.4.1 Digitale Qualitätssysteme und Poka Yoke 133
       10.4.2 Algorithmen und virtuelle Wartung. 134
       10.4.3 Kollaborative Roboter (Kobots) als ergänzende Partner
               in der Produktion 134
       10.4.4 Schaffung branchenweiter Standards für vernetzte Maschinen . . . 135
       10.4.5 KI und Lean 135

11   Abkürzungsverzeichnis 141

12   Der Autor 143

      Index 145

Kundenzufriedenheit im Fokus

Digitale Verknüpfungen von global agierenden Wertschöpfungsnetzwerken und der fast unbegrenzte Austausch von Daten und Informationen haben zu einer maximalen Transparenz der eigenen Wertschöpfungsaktivitäten und globalen Lieferketten geführt. Daraus ergibt sich die Frage, wie sich für Unternehmen Wettbewerbsvorteile generieren lassen. Lean Management ist hierfür das ideale Konzept, denn Kundenzufriedenheit steht hier im Fokus aller Operationen und Aktivitäten. Lean Management fokussiert auf Wertschöpfung und Aktivitäten, für die der Kunde bereit ist zu zahlen. In diesem Zusammenhang und in der Folge findet heute in vielen Unternehmen und Ländern ein Paradigmenwechsel zum Lean Management statt, die Wertschöpfungskette von der Lieferseite über die gesamte Produktion bis hin zum Kunden zu managen. Erst der integrative Ansatz vom Kundenauftrag über die Planung, Beschaffung, Produktion und Logistik bis hin zum Reverse-Logistics-Prozess ermöglicht Unternehmen, Entscheidungen zur Steuerung ihres unternehmerischen Handelns zu treffen. Darüber hinaus entstehen durch die Konzentration auf Kernkompetenzen und die Zuordnung von wertschöpfenden Randaktivitäten (Outsourcing) auf Liefernetzwerke neue Prozesse und Abläufe, die es zu bewältigen gilt. Lean Management ist der ideale Weg, sich auf Prozesse und Aktivitäten zu konzentrieren, für die der Kunde bereit ist zu bezahlen.

Auch wenn das Konzept des Lean Managements nicht neu ist, verstehen Unternehmen, dass die Umsetzung dieses Rahmenwerks zu signifikanten Verbesserungen in allen Bereichen vom Rohstofflieferanten bis zum Endkunden führt. Lean Management konzentriert sich nicht mehr auf die eigenen operativen Aktivitäten, sondern steuert den Informationsaustausch und die Nutzung von Vorteilen über globale Liefer- und Wertschöpfungsketten hinweg.

Welche Möglichkeiten ergeben sich, um sich in Zukunft gegenüber Wettbewerbern zu differenzieren? Welche Erwartungen haben die Kunden an die nachgefragten Produkte neben den traditionellen Anforderungen an Preis, Qualität und Lieferung? Welche zusätzlichen wertschöpfenden Aktivitäten und Dienstleistungen innerhalb der Lieferkette sind zu unterscheiden? Steigende Löhne, schwankende Wechselkursparitäten, anspruchsvolle und unsichere Logistikketten usw. erfordern ausgefeiltere und ergänzende Hebel, um die Kosten entlang der Wertschöpfungskette weiter zu optimieren.

Die zukünftigen Herausforderungen, einen Wettbewerbsvorteil zu erlangen, führen zu einem neuen Lean-Management-Konzept zur Schaffung und Steuerung wertschöpfender Liefernetzwerke über die gesamte Wertschöpfungskette. So wird es möglich sein, in immer transparenteren und offenen Märkten immer anspruchsvollere Kunden zufrieden zu stellen. In diesem Zusammenhang werden neue internetbasierte Informations- und Kommunikationsstrategien und -konzepte die ideale Verknüpfung der Interessen der Stakeholder innerhalb der gesamten Wertschöpfungskette sein. Wegweisende Unternehmen wie Tesla, Porsche, Alibaba und Amazon setzen neue Maßstäbe und erfüllen die Kundenerwartungen hinsichtlich steigender Erwartungen an Lieferzeiten und Produktverfügbarkeit.

Das Buch enthält Prinzipien, Methoden und Leitlinien für die erfolgreiche Einführung von Lean Management in die eigene Organisation oder das Unternehmen. Neben dem übergeordneten Paradigma von Lean Management und Kaizen werden verschiedene Konzepte wie Kata. So ist es gelungen, ein einzigartiges Buch zu schaffen, das Theorie- und Praxisbeispiele in idealer Weise vereint.

Das Buch wäre ohne die implizite und indirekte Unterstützung von Praktikern, Wissenschaftlern und Studierenden auf Doktoranden- und Masterniveau nicht möglich gewesen. Für den Praxisbezug schätzt der Autor den Input von Fachleuten aus vielen Branchen und von öffentlichen Organisationen. Darüber hinaus kommen viele Impulse von Studierenden verschiedener und unterschiedlicher Hochschulen. Ich möchte mich bei meinen Kollegen, Studenten und Freunden dafür bedanken, dass sie uns den Anstoß gegeben haben, dieses Buch mit vielen USP zu schreiben.

Die Arbeitshilfen am Ende des Buchs helfen dem Anwender, Werkzeuge des Lean Managements gezielt einzusetzen und Verbesserungen zu erwirken.

Interessant ist dieses Praxis- und Lehrbuch insbesondere für alle, die durch ihre Funktion anteilig in der Wertschöpfungskette direkt oder indirekt beteiligt sind. Auch Führungskräfte und Projektmanager gehören zu dem Kreis der Interessierten. Ferner ermöglicht die Symbiose von Theorie und Praxis die Anwendung im Hochschulbereich, sodass dieses Werk auch auf Professoren, Lehrpersonal und Studierende im internationalen Kontext fokussiert. Zuletzt richtet sich das Buch an öffentliche Auftraggeber und Kommunen, die ihre Mitarbeitende im Projektmanagement und in der Auftragsvergabe zu Experten in Lieferantenmanagement entwickeln möchten.

Besonderer Dank gebührt Frau Hoffmann-Bäuml und dem Hanser-Verlag-Team für die freundliche, kompetente und professionelle Abwicklung dieses Buchprojekts.

Berlin, Sommer 2023   **Dr. Marc Helmold**

1 Einführung

■ 1.1 Kunden im Mittelpunkt des Denkens und Handelns – Okyaksama (お客様)

Lean Management ist ein Konzept zur Prozessoptimierung entlang der Wertschöpfungskette (Helmold & Terry 2021). Lean Management konzentriert sich darauf, Ineffizienzen (Verschwendung) transparent zu machen und in wertschöpfende Aktivitäten umzuwandeln (Ohno 1990). Die Wertschöpfungskette reicht dabei vom Upstream (Lieferanten) über den eigenen Betrieb bis hin zur Downstream-Seite (Kunden), wie in Bild 1.1 (Slack & Brandon-Jones 2021) dargestellt. Ineffizienzen sind alles, z. B. eine Aktivität, ein Prozess, ein Produkt, das als etwas angesehen wird, für das die Kunden nicht bereit sind, zu zahlen oder finanzielle Mittel auszugeben. Der Kunde steht im Mittelpunkt des Lean-Management-Konzepts. Die primären Ziele der Lean-Management-Philosophie sind die Wertschöpfung für den Kunden durch die Optimierung von Ressourcen und die Schaffung eines stetigen Workflows basierend auf realen Kundenanforderungen. Es versucht, jede Verschwendung von Zeit, Mühe oder Geld zu vermeiden, indem jeder Schritt in einem Geschäftsprozess identifiziert und dann Schritte, die keinen Wert schaffen, überarbeitet oder weggelassen werden (Bertagnolli 2020). Die Philosophie hat ihre Wurzeln in Japan und im operativen Geschäft, ist aber derzeit weltweit und in allen Branchen weit verbreitet. Im Fokus des Lean Management stehen:

- Den Kunden in den Mittelpunkt des Handelns stellen
- Definition von Wert und Mehrwert aus Sicht des Endkunden
- Beseitigung aller Abfälle in allen Bereichen der Wertschöpfungskette
- Kontinuierliche Verbesserung aller Aktivitäten, Prozesse, Zwecke und Personen
- Den Menschen in den Mittelpunkt wertschöpfender Dienstleistungen und Prozesse stellen

Lean Management erleichtert die gemeinsame Führung und Verantwortung; kontinuierliche Verbesserung stellt sicher, dass jeder Mitarbeitende zum Verbesserungsprozess beiträgt. Die Managementmethode dient als Leitfaden für den Aufbau einer erfolgreichen und soliden Organisation, die sich ständig weiterentwickelt, echte Probleme erkennt und löst. Lean Management basiert auf dem Ende der 1940er-Jahre etablierten Toyota-Produktionssystem. Toyota setzte die fünf Prinzipien des Lean Managements in die Praxis um, mit dem Ziel, die Anzahl der Prozesse zu verringern, die keinen Wert hervorbrachten; dies wurde als Toyota Way bekannt. Durch die Umsetzung der fünf Prinzipien konnten signifikante Verbesserungen in Bezug auf Effizienz, Produktivität, Kosteneffizienz und Zykluszeit erzielt werden. Lean Management beinhaltet fünf Leitprinzipien, die von Führungskräften innerhalb einer Organisation als Leitlinie für die Lean-Methodik verwendet werden (Helmold & Samara 2019). Die fünf Prinzipien sind:

1. Identifizierung der wertschöpfenden Aktivitäten in allen Prozessen der Wertschöpfungskette
2. Regelmäßige Wertstromanalyse durchführen
3. Erstellung eines kontinuierlichen Arbeitsflusses
4. Etablierung eines Pull-Systems, bei dem der Kunde im Mittelpunkt steht
5. Förderung eine Kultur der stetigen und kontinuierlichen Verbesserung

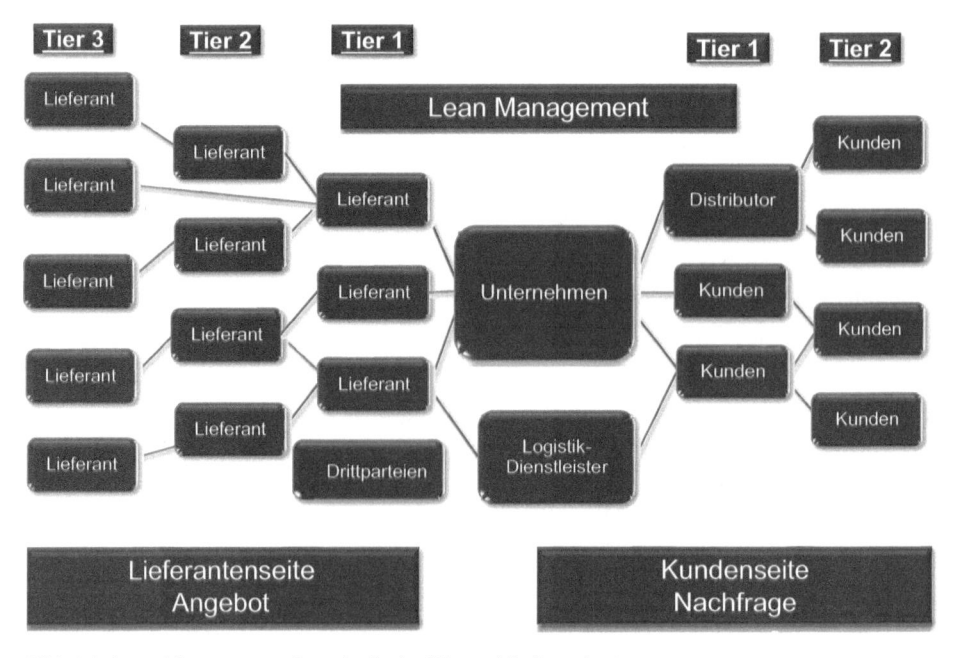

Bild 1.1 Lean Management innerhalb der Wertschöpfungskette

1.1 Kunden im Mittelpunkt des Denkens und Handelns – Okyaksama (お客様)

1. Identifizieren Sie den Wert in allen Prozessen der Wertschöpfungskette
2. Führen Sie regelmäßige Wertstromanalysen durch
3. Erstellen Sie einen kontinuierlichen Workflow von Primär- und Sekundärprozessen
4. Etablieren Sie ein Zieh- oder Pull-System, bei dem der Kunde im Mittelpunkt steht
5. Fördern Sie eine Unternehmenskultur der kontinuierlichen Verbesserung

Der Lean Management basiert auf den Gedanken der stetigen Verbesserung (Kaizen – 改善), wie Bild 1.2 zeigt. Ebenso ist es wichtig, dass das Lean Management wertorientiert in die Unternehmensstrategie und den Wertekanon der Unternehmung integriert wird (Kata – 形). Aufgrund der komplexen Arbeitsteilung in Wertschöpfungsnetzwerken ist es daher auch zwingend notwendig, seine eigenen Lean-Management-Ansätze mit allen Wertschöpfungspartnern zu synchronisieren (Keiretsu – 系列). Diese drei Prinzipien lauten zusammengefasst:

1. Stetige und kontinuierliche Verbesserungen in einer lernenden Organisation
2. Wertorientierte Integration des Lean Management in die Unternehmensstrategie und -kultur
3. Partnerschaftliche Einbindung aller Netzwerkmitglieder über die gesamte Wertschöpfungskette

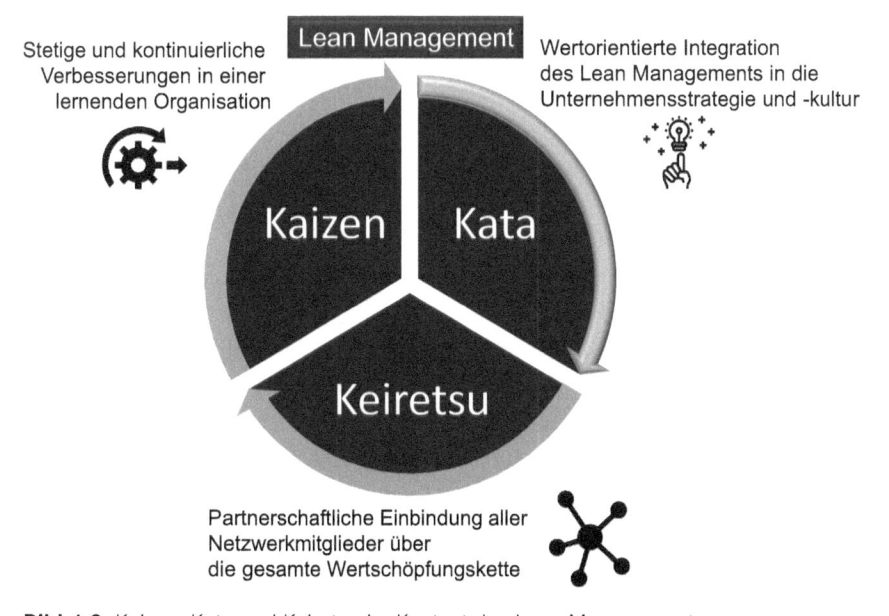

Bild 1.2 Kaizen, Kata und Keiretsu im Kontext des Lean Management

Den Wert zu identifizieren, der erste Schritt im Lean Management, bedeutet, das Problem zu finden, das der Kunde löst, und das Produkt zur Lösung zu machen. Konkret muss das Produkt der Teil der Lösung sein, für den der Kunde bereitwillig bezahlt. Jeder Prozess oder jede Aktivität, die keinen Mehrwert schafft, d. h. keinen Nutzen bringt und der Kunde nicht bereit ist, dafür zu zahlen, gilt als Abfall und sollte eliminiert werden (Liker 2020).

Die Wertstromanalyse bezieht sich auf den Prozess der Abbildung des Arbeitsablaufs des Unternehmens, einschließlich aller Aktionen und Personen, die zum Prozess der Erstellung und Lieferung des Endprodukts an den Verbraucher beitragen. Die Wertstromanalyse hilft Managern, zu visualisieren, welche Prozesse von welchen Teams geleitet werden, und die Personen zu identifizieren, die für die Messung, Bewertung und Verbesserung des Prozesses verantwortlich sind. Diese Visualisierung hilft Managern zu bestimmen, welche Teile des Systems keinen Wert für den Workflow haben (Bertagnolli 2020). Die Schaffung eines kontinuierlichen Workflows bedeutet, sicherzustellen, dass der Workflow jedes Teams reibungslos abläuft und Unterbrechungen oder Engpässe vermieden werden, die bei funktionsübergreifender Teamarbeit auftreten können. Kanban, eine Lean-Management-Technik, die einen visuellen Hinweis verwendet, um Aktionen auszulösen, wird verwendet, um eine einfache Kommunikation zwischen Teams zu ermöglichen, damit sie sich darauf konzentrieren können, was zu tun ist und wann es getan werden muss. Den gesamten Arbeitsprozess in kleinere Teile zu zerlegen und den Workflow diesbezüglich zu visualisieren, erleichtert die praktikable Beseitigung von Prozessunterbrechungen und Roadblocks (Liker 2020).

Die Entwicklung eines Pull-Systems stellt sicher, dass der durchgängige Workflow stabil bleibt und garantiert, dass die Teams Arbeitsaufträge schneller und mit weniger Aufwand erledigen. Ein Pull-System ist eine spezifische Lean-Technik, die die Verschwendung jedes Produktionsprozesses verringert. Es stellt sicher, dass nur bei Bedarf mit neuen Arbeiten begonnen wird und bietet so den Vorteil der Minimierung des Overheads und der Optimierung der Lagerkosten.

Das letzte Prinzip ist die kontinuierliche Verbesserung und kann als wichtigster Schritt in der Lean-Management-Methode angesehen werden. Die Förderung der kontinuierlichen Verbesserung bezieht sich auf eine Vielzahl von Techniken, die verwendet werden, um die Arbeitsprozesse zu verbessern. Das Lean-Management-System ist weder isoliert noch unveränderlich und daher können Probleme in jedem der anderen vier Schritte auftreten. Sicherzustellen, dass alle Mitarbeitende zur kontinuierlichen Verbesserung des Workflows beitragen, schützt die Organisation, wenn Probleme auftreten. Das Management muss ein Umfeld und eine Kultur schaffen, in der alle Mitarbeitende nach den Lean-Prinzipien arbeiten können (Helmold et al. 2022).

> Lean-Management-Tools helfen Unternehmen dabei, komplexe und globale Wertströme transparent und beherrschbar zu machen. Lean bietet standardisierte Tools und Methoden, mit denen sich Unternehmen auf den Kundennutzen konzentrieren und jeden einzelnen Mitarbeitenden aktiv einbeziehen und kontinuierlich verbessern können (Ohno 1990).
>
> Eine globale Umfrage der Boston Consulting Group ergab, dass führende Industrieunternehmen die Bedeutung von Lean Management und Digitalisierung für ihre langfristige Planung erkennen. In einer Umfrage unter mehr als 750 Produktionsleitern gaben 97 % der Befragten aus der Automobilbranche an, dass Lean Management im Jahr 2030 eine hohe Relevanz haben wird, gegenüber 70 %, die es heute für wichtig halten. Von diesen Befragten gaben 70 % an, dass die Digitalisierung von Systemen im Jahr 2030 eine hohe Relevanz haben würde, gegenüber 13 %, die dies heute für wichtig halten (Küpper et al. 2017).

1.2 Produktqualität in Japan

Den Kunden und seine Gewohnheiten genau zu kennen, ist essenziell, um Lean Management konsequent im Unternehmen durchzusetzen. Die Bedürfnisse und Ziele des Kunden werden ernst genommen und die zu entwickelnden Produkte darauf abgestimmt. Eine echte und profitable schlanke Organisation versteht den Kundennutzen und fokussiert ihre Schlüsselprozesse, um ihn kontinuierlich zu steigern. Das ultimative Ziel ist es, dem Kunden durch einen perfekten Wertschöpfungsprozess ohne Verschwendung einen perfekten Mehrwert zu bieten. Ein idealer Weg, um eine praktische Sichtweise in Bezug auf das Lean-Denken einzuführen, ist der Einsatz der 7-Manufacturing-Basics, einer handverlesenen Auswahl von Kernwerkzeugen, Methoden und Techniken zur Lean-Verbesserung, um die Kontrolle über jede Produktionssituation zu erlangen. Einige Kombinationen dieser schlanken Tools und Elemente arbeiten sehr gut zusammen, wenn sie in einer bestimmten Reihenfolge eingesetzt werden. Sie sollten Teil der Fähigkeiten sein, die ein Teamleiter bei der täglichen Arbeit an der Jidoka- und Kaizen-Verstärkung verwendet, um Qualität zu gewährleisten, Prozesse zu kontrollieren und häufig inkrementelle Verbesserungen vorzunehmen.

> **Was Sie bei der Umsetzung von Lean Management beachten sollten**
> - Autonome Wartung – Stellen Sie sicher, dass Sie die Voraussetzungen für die Produktionseinrichtung haben, bevor Sie den Prozess ausführen; Geräte können ohne Verluste oder Unterbrechungen mit hoher Geschwindigkeit betrieben werden.
> - Gemba Cadence – Etablieren Sie eine feste Routine, um Ihre Mitarbeitenden und Prozesse bei der Arbeit in Echtzeit zu beobachten (gehen Sie zum Ort des Geschehens).
> - Change Point Management – Erfassen und kontrollieren Sie alle ungeplanten Änderungspunkte. Ungeplante Ereignisse sind die „stillen Killer", die Verschwendung, OEE-Verluste, Defekte und Problemumgehungen verursachen.
> - A3-Denkmentalität – Bringen Sie den Teammitgliedern bei, wie man Fischgrätendiagramme und die fünf Warums erstellt. Sie sind die Grundlagen der Problemlösung und bauen die mentale Muskulatur für die Entwicklung von A3-Fähigkeiten auf.
> - Siehe Unterbrechungen in den gesamten Prozessen – Untersuchen Sie die vier Ebenen der Konfiguration jedes Prozesses: Systeme, Pfade, Verbindungen, Aktivitäten – um sicherzustellen, dass er wie beabsichtigt funktioniert.
> - Kaizen-Mindset – Machen Sie oft, wenn möglich jeden Tag, eine kleine inkrementelle Verbesserung. Aber es müssen kleine Gewinne sein, die nachhaltig sind, weil sie von den Teammitgliedern akzeptiert und übernommen werden.
> - Führungskräfte als Coach und Lehrer – Sagen Sie ihnen nicht nur, was sie tun sollen, sondern führen Sie Mitarbeitende zu Antworten, indem Sie Fragen stellen, die sie dazu bringen, Probleme zu lösen. Dies ist sehr schwierig, da Führungskräfte darauf programmiert sind, die Kontrolle zu übernehmen.

■ 1.3 Lean Management im Gegensatz zu traditionellen Fertigungskonzepten

Im Gegensatz zu den traditionellen Fertigungskonzepten basiert die schlanke Produktion auf einer Reduzierung der Durchlaufzeiten, geringen Lagerbeständen und dem dauerhaften Wegfall nicht wertschöpfender Aktivitäten entlang der Wertschöpfungskette (Ohno 1990). Diese (nicht wertschöpfenden) Tätigkeiten sind unnötig und stellen Verschwendung oder „Muda" (jap.: 無駄) dar. Bild 1.3 zeigt die beiden Konzepte, das traditionelle und das schlanke. Beide Konzepte richten sich an Kunden. Die Abbildung zeigt, dass das traditionelle Konzept und Lean Management auf Kundenzufriedenheit abzielen, wobei das traditionelle Konzept einen hohen Lagerbestand (und somit auch Kosten für Lagerung, Bereitstellung und Personal) und eine gewisse Inflexibilität auf veränderte Kundenwünsche beinhaltet. Lean Management dagegen kombiniert flexible Abläufe mit niedrigen Beständen, um auf veränderte Kundenwünsche zu reagieren (Helmold et al. 2022).

Das Fundament des Lean-Management-Konzepts basiert auf der optimalen Reaktionsfähigkeit und nicht auf Lagerbeständen. Vorräte erhöhen die Kapitalkosten und wirken sich negativ auf den Shareholder Value aus, während kurze Zykluszeiten zu kleinen Vorräten führen. Lean Manufacturing oder Lean Production, oft einfach „schlank" genannt, ist eine systematische Methode zur Beseitigung von Verschwendung („Muda") innerhalb eines Fertigungssystems. Das Lean-Management-Konzept berücksichtigt auch, dass Verschwendung durch Überlastung („Muri") oder durch ein Ungleichgewicht der Arbeitsbelastung („Mura") entstehen kann.

Aus der Perspektive des Kunden, der ein Produkt oder eine Dienstleistung konsumiert, ist „Wert" jede Handlung oder jeder Prozess, für den ein Kunde bereit wäre zu zahlen. Im Wesentlichen geht es bei Lean darum, sichtbar zu machen, was Mehrwert schafft, indem alles andere reduziert wird. Lean Manufacturing ist eine Managementphilosophie, die hauptsächlich vom Toyota-Produktionssystem (TPS) abgeleitet ist (daher ist auch der Begriff Toyotismus weit verbreitet). TPS ist bekannt für seinen Fokus auf die Reduzierung der ursprünglichen sieben Toyota-Abfälle, um den Gesamtkundenwert zu verbessern, aber es gibt unterschiedliche Perspektiven, wie dies am besten erreicht werden kann. Das stetige Wachstum von Toyota, von einem kleinen Unternehmen zum größten Autohersteller der Welt, hat die Aufmerksamkeit darauf gelenkt, wie es diesen Erfolg erreicht hat.

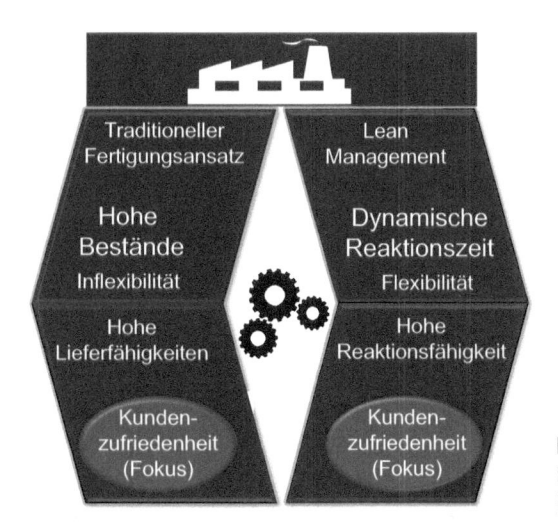

Bild 1.3
Lean Management versus traditionelles Fertigungskonzept

Literatur

Bertagnolli, F.: (2020) *Lean Management*. 2. Auflage. Einführung und Vertiefung in die japanische Management-Philosophie. Springer, Wiesbaden.

Helmold, M.: (2021) *Kaizen, Lean Management und Digitalisierung. Mit den japanischen Konzepten Wettbewerbsvorteile für das Unternehmen erzielen*. Springer, Heidelberg.

Helmold, M.; Terry, B.: (2016) *Global Sourcing and Supply Management Excellence in China. Procurement Guide for Supply Experts.* Springer, Singapore.

Helmold, M.; Terry, B.: (2021) *Operations and Supply Management 4.0. Industry Insights, Case Studies and Best Practices.* Springer, Heidelberg.

Helmold, M. et al.: (2022) Lean Management, Kaizen, Kata and Keiretsu. Best-Practice Examples and Industry Insights from Japanese Concepts. Springer, Heidelberg.

Liker, J. K.: (2020) *The Toyota Way. The Toyota Way: 14 Management Principles from the World's Greatest Manufacturer.* 2nd Ed. McGraw-Hill, Madison.

Ohno, T.: (1990) *Toyota Production System. Beyond large Scale Production.* Productivity Press, New York.

2 Ursprünge und Entwicklung von Lean Management

■ 2.1 Historie

Frühe Entwicklungen von Lean Management Tools reichen bis in die frühen Zeiten der Industrialisierung zurück. Mit gestiegenen Kundenanforderungen versuchten Unternehmer, Prozesse zu implementieren, die die Produktion beschleunigen und steigern würden. Eli Whitney ist vor allem als Erfinder des Cotton Gins bekannt. Der Gin war jedoch im Vergleich zu seiner Perfektion der austauschbaren Teile eine kleine Leistung. Whitney entwickelte diese um 1799, als er von der US-Armee einen Auftrag über die Herstellung von 10.000 Musketen zum unglaublich niedrigen Preis von 13,40 US-Dollar pro Waffe erhielt.

Hersteller beschäftigten sich in den nächsten 100 Jahren vor allem mit individuellen Technologien. In dieser Zeit entwickelte sich unser System der Konstruktionszeichnungen, moderne Werkzeugmaschinen wurden perfektioniert und großangelegte Verfahren wie das Bessemer-Verfahren zur Stahlherstellung standen im Mittelpunkt. Während Produkte durch das Logistiksystem und innerhalb der Fabriken von einem diskreten Prozess zum nächsten wanderten, beschäftigten sich nur wenige Menschen mit:

- Was passiert zwischen den Prozessen?
- Wie wurden mehrere Prozesse innerhalb der Fabrik angeordnet?
- Wie funktionierte die Prozesskette als System?
- Wie ging jeder Arbeiter bei einer Aufgabe vor?

Dies änderte sich in den späten 1890er-Jahren mit der Arbeit der frühen Industrieingenieure. Frederick W. Taylor begann, sich mit einzelnen Arbeitern und Arbeitsmethoden zu befassen. Das Ergebnis waren Studien zum Zeitmanagement, der Zeit pro Zyklus und standardisierten Arbeitsabläufen. Er nannte seine Ideen Scientific Management (Hounshell 1988). Taylor war ein umstrittener Manager und eine umstrittene Persönlichkeit. Das Konzept, Wissenschaft auf das Management anzuwenden, war solide, aber Taylor ignorierte einfach die Verhaltenswissenschaften. Außerdem hatte er eine eigentümliche Haltung gegenüber Fabrikarbeitern. Frank

Gilbreth („Im Dutzend billiger") fügte Motion Study hinzu und erfand Prozessdiagramme. Prozessdiagramme lenkten die Aufmerksamkeit auf alle Arbeitselemente, einschließlich der nicht wertschöpfenden Elemente, die normalerweise zwischen den „offiziellen" Elementen auftreten.

Lillian Gilbreth brachte die Psychologie in die Mischung ein, indem sie die Motivationen von Arbeitern untersuchte und wie sich Einstellungen auf das Ergebnis eines Prozesses auswirkten. Es gab allerdings noch viele andere Mitwirkende. Dies waren die Menschen, welche die Idee der „Beseitigung von Verschwendung" begründet haben, ein wesentlicher Grundsatz von JIT und Lean Manufacturing.

Obwohl es in der Fertigung bis zum Arsenal in Venedig in den 1450er-Jahren Fälle von strengem Prozessdenken gibt, war Henry Ford der erste, der einen ganzen Produktionsprozess wirklich integriert hat. In Highland Park, MI, verband er 1913 durchweg austauschbare Teile mit Standards und beweglichen Transportmitteln, um das zu schaffen, was er als Fließfertigung bezeichnete. Die Öffentlichkeit begriff dies als ein sich bewegendes Fließband, doch aus Sicht des Fertigungsingenieurs gingen die Durchbrüche viel weiter. Ford hat die Fertigungsschritte wo immer möglich mit Sondermaschinen und Gut-/Schlecht-Messgeräten ausgestattet, um die ins Fahrzeug gehenden Bauteile innerhalb weniger Minuten zu fertigen, zu montieren und passgenaue Bauteile direkt ans Band zu liefern. Dies war ein revolutionärer Bruch mit den Werkstattpraktiken des amerikanischen Systems, das aus nach Verfahren gruppierten Allzweckmaschinen bestand, die Teile herstellten, die in der Unter- und Endmontage angepasst und ihren Weg in die fertigen Produkte fanden.

Das Problem bei Fords System war nicht der Flow: Er konnte alle paar Tage die Bestände des gesamten Unternehmens drehen. Vielmehr war es seine Unfähigkeit, Abwechslung zu bieten. Das Model T war nicht nur auf eine Farbe beschränkt, nämlich schwarz. Es war auch auf eine Spezifikation beschränkt, sodass alle Chassis des Model T bis zum Ende der Produktion im Jahr 1926 im Wesentlichen identisch waren. (Der Kunde hatte die Wahl zwischen vier oder fünf Karosserievarianten, eine Zusatzfunktion von externen Lieferanten hinzugefügt ganz am Ende der Produktionslinie.) Tatsächlich scheint praktisch jede Maschine der Ford Motor Company mit einer einzigen Teilenummer zu arbeiten, und es gab praktisch keine Umstellungen.

Als die Welt Abwechslung wünschte, einschließlich Modellzyklen, die kürzer als die 19 Jahre für das Modell T waren, schien Ford vom Weg abzukommen. Andere Autohersteller reagierten auf den Bedarf nach vielen Modellen mit jeweils vielen Optionen, jedoch mit Produktionssystemen, deren Konstruktions- und Fertigungsschritte sich auf Prozessbereiche mit viel längeren Durchlaufzeiten zurückzogen. Im Laufe der Zeit füllten sie ihre Fertigungshallen mit immer größeren Maschinen, die immer schneller liefen, was die Kosten pro Prozessschritt senkte, aber die Durchlaufzeiten und Bestände kontinuierlich erhöhte, außer in den seltenen Fällen (wie Motorenbearbeitungslinien), in denen alle Prozessschritte verknüpft und automatisiert wurden (Hounshell 1988). Schlimmer noch, die zeitlichen Verzögerungen zwischen den Prozessschritten und die komplexen Teile-Routings erforderten immer ausgefeiltere Informationsmanagementsysteme bis hin zu computergestützten Materialbedarfsplanungssystemen (MRP).

■ 2.2 Japanische Kultur als Keimzelle

Lean Management ist ohne die japanische Kultur nicht denkbar. Lean Management ist maßgeblich geprägt von der Art und Weise, wie in Japan die Welt gesehen wird, welche Werte, Annahmen und Vorstellungen das Leben bestimmen. Hier sind es vor allem Bushido und Ikigai, die maßgeblich Lean Management geprägt haben.

2.2.1 Bushido: Basis von Ethik und Moral

Bushido (jap.: 武士道) steht für den Ethik- und Idealkodex, auf den die Lebensweise der Samurai basierte. Diese Werte betonen Elemente wie Aufrichtigkeit, Sparsamkeit, Loyalität, Kampfkunst und Ehre bis zum Tod. Bushido hatte seine Blütezeit während der Edo-Zeit von 1600 bis 1878. Die sieben Tugenden sind in Bild 2.1 dargestellt und wie folgt definiert:

Bild 2.1 Bushido – sieben Moralvorstellungen, die auf das Lean Management einwirken

1. **Gerechtigkeit oder Aufrichtigkeit (義 gi)**
   Haben wir den richtigen Weg, wenn wir eine Entscheidung treffen? Haben wir die Macht, schnell eine Entscheidung zu treffen? Bleiben wir entschlossen und treffen wir unsere Entscheidungen aus den richtigen Gründen?

2. **Mut (勇 yu)**
   Ist das, was wir tun, richtig? Haben wir den Mut haben, das Richtige zu tun und nicht nur das, was die Leute denken, dass wir es tun sollten? Wenn wir in einer bestimmten Weise erzogen werden, denken wir in einer Weise, an die wir glauben. Stellen wir sicher, dass wir das tun, woran wir glauben, und haben wir den Mut dazu?
3. **Mitgefühl oder Barmherzigkeit (仁 jin)**
   Haben wir im richtigen Moment auch Mitgefühl und Barmherzigkeit? Für die Samurai ging es darum, aus dem richtigen Grund zu kämpfen und wenn man jemanden töten musste, es aus dem richtigen Grund und seinem Glauben getan hat. Die Samurai mussten aber auch sicherstellen, dass sie wenn nötig auch barmherzig und mitfühlend sein konnten.
4. **Respekt (禮 rei)**
   Haben wir Respekt? Sind wir in allem höflich? Bedeutet die Art und Weise, wie wir unser Leben leben, dass wir die Älteren respektieren, dass wir das Leben respektieren, den Glauben anderer respektieren?
5. **Ehrlichkeit (誠 Makoto)**
   Sind wir in allem was wir tun ehrlich? Kann man uns aufgrund unserer Ehrlichkeit vertrauen und erhalten wir deswegen Respekt?
6. **Ehre (名誉 meiyo)**
   Leben und sterben wir in Ehren? Alles, was die Samurai taten, war ehrenhaft, was bedeutete, dass sie alles, was sie glaubten, mit Ehre taten.
7. **Loyalität (忠義 chugi)**
   Behandelten wir uns wie eine Familie? Tun wir alles in unserer Macht Stehende, um uns gegenseitig zu schützen und zu helfen? Loyalität war den Samurai-Kriegern sehr wichtig, denn das bedeutet, dass sie ihren Kriegern vertrauen können und wissen, dass sie loyal zu allem sind.

2.2.2 Ikigai: Freude und Sinn finden

Ikigai (jap.: 生き甲 „Sinn des Lebens") ist ein japanischer Begriff, der den Sinn des Seins bedeutet. „Iki" bedeutet auf Japanisch Leben und „gai" beschreibt Wert. Das Ikigai ist der Lebenszweck oder das Glück einer Person oder Gruppe. Es macht dir Freude und inspiriert dich jeden Tag aus dem Bett aufzustehen. Ikigai wird frei übersetzt mit „das, wofür es sich zu leben lohnt", „Freude und das Ziel im Leben" oder, anders ausgedrückt, „das Gefühl, etwas zu haben, wofür es sich lohnt, morgens aufzustehen". Ikigai ist von Individuum zu Individuum sehr unterschiedlich. Wenn ein Mensch sein Ikigai findet oder hat, gibt ihm das ein Gefühl von Lebensfreude und damit innere Zufriedenheit. Ikigai spielt in der japanischen Gesellschaft eine große Rolle, es wird beispielsweise häufig in den Medien diskutiert, welche gesellschaftlichen Ideale dem Ikigai zugrunde liegen sollen, was als Ikigai angesehen werden kann (und was nicht) und ob nach Ikigai gesucht werden soll (oder nicht). Ikigai besteht aus den vier Dimensionen 1. wofür man liebt, 2. was die Welt braucht, 3. wofür man bezahlt wird und 4. was man gut kann. Jede dieser vier Kategorien gilt als „Ikigai" und führt an die Mission, die Berufung, den Beruf und die Leidenschaft von Einzelpersonen und Gruppen (Bild 2.2).

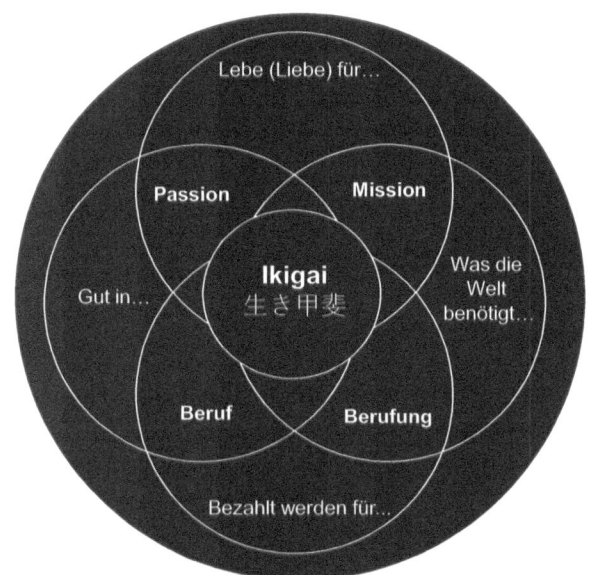

Bild 2.2
Ikigai-Elemente

> **Schlanke Bestellverfahren in einem Restaurant in Japan**
>
> In vielen Restaurants können Kunden über eine Ticket-Maschine Essen und Getränke bestellen. Durch ein Signal wird dem Küchenpersonal übermittelt, welches Gericht der Kunde bestellt hat. Es wird nach dem FIFO-Prinzip (engl.: First in First out) gearbeitet. Der Kunde, welcher zuerst bestellt, erhält auch zuerst seine Mahlzeit und Produkte, die er bestellt hat und die er dann an der Theke selbst abholt. Etabliert ist dieses Bestellsystem mittlerweile auch bei dem Schnellrestaurant McDonalds.
>
> Bestellverfahren in einem japanischen Restaurant mit den schlanken Elementen des Lean Management. Durch Knopfdruck und Auswahl des Gerichts wird ein Signal in die Küche gegeben, in der dann das bestellte Gericht kundengerecht hergestellt wird.

2.2.3 Weitere zentrale japanische Wertvorstellungen

- **Aus Erfahrungen lernen: Senpai (先輩) und Kohai (後輩)**
  Senpai (先輩) und Kohai (後輩) bedeuten Senior und Junior. Die beiden Begriffe durchdringen alle Beziehungen in der japanischen Gesellschaft, nicht nur bei der Arbeit. Ein Senpai ist in der Regel älter und ranghöher oder schon länger im Unternehmen. Sie fungieren normalerweise als Mentoren für Kohai, obwohl in Wirklichkeit nicht alle Senpai so großzügig oder aufrichtig sind, wenn sie jüngere Kollegen betreuen. Diese Hierarchie diktiert alle möglichen unausgesprochenen Regeln in der japanischen Arbeitskultur, einschließlich, wo man am Besprechungstisch sitzt, wie man sich auf Trinkpartys verhält und welche Höflichkeit man anwenden muss (Sinha & Matharu 2019).

- **Wandel zum offenen und kreativen Unternehmen (Chiiku, 知育)**
  Chiiku (知育) bedeutet, intellektuelles Wissen zu beherrschen und logisches Denken für grundlegende Überlebensfähigkeiten zu entwickeln. Kreativität und die Freiheit zum Denken spielen eine zentrale Rolle bei Chiiku. Damit Unternehmen profitabel bleiben können, benötigen sie zunächst Stabilität, die auf einem konkreten Verständnis ihrer Bedürfnisse und Prioritäten beruht. Durch die Nutzung ihrer nicht abgedeckten Ressourcen können sie dann mit Innovationen beginnen. Das Verständnis dieses grundlegenden Überlebensbedürfnisses des Unternehmens ist die Grundlage für künftigen Wohlstand und sollte auch die Grundlage für die Entwicklung von Führungskräften am Arbeitsplatz bilden. Chiiku konzentriert sich auf dieses logische Verständnis des Geschäfts in einem größeren Kontext. Dies ist wie die Vorstellung eines Waldes als gesamtes Ökosystem und nicht nur als Ansammlung von Bäumen. Für Geschäftsleiter bedeutet Chiiku, das Gefühl der Dringlichkeit zu berechnen und es jederzeit zu kommunizieren.

- **Mitarbeiterführung (Tokuiku, 徳育)**
  Tokuiku (徳育) bedeutet, rationale zwischenmenschliche Fähigkeiten als Führungskraft zu entwickeln. Die rationale Entwicklung (Tokuiku) unterscheidet sich von der logischen Entwicklung (Chiiku). Logisches Denken basiert auf Ursache und Wirkung, während rationales Denken auf Quantität und Umfang basiert. Logisches Denken kann uns sagen, was wir tun sollen, aber wir müssen rational sein, um zu verstehen, warum es jedem Einzelnen zu Gute kommt. Der Mensch muss sich entwickeln. Führungskräfte müssen zunächst den Mut entwickeln, Risiken einzugehen und den Status quo zu übertreffen. Dies ist so, als würde man das Überleben des Waldes sicherstellen, indem man die Bedürfnisse jedes Organismus versteht, aus dem das Ökosystem besteht. Während sich Chiiku auf das Überleben der Organisation als Einheit konzentriert, konzentriert sich Tokuiku darauf, die Bereicherung und den Erfolg der Personen sicherzustellen, aus denen diese Einheit besteht.

- **Mentale und physische Stärke (Taiiku, 体育)**
  Moderne Bildungssysteme verstehen Taiiku (体育) als Sportunterricht. Es wird als eine Möglichkeit gesehen, Schüler dazu zu bringen, ihren Körper durch Sport zu trainieren. Beim Sport geht es jedoch nicht nur darum, Muskeln aufzubauen und ein Gefühl der Wettbewerbsfähigkeit zu entwickeln. Taiiku konzentriert sich zunächst darauf, die eigene Willenskraft und Emotionen zu stärken, um die richtigen Handlungen zu erzwingen. Taiiku bedeutet für Führungskräfte, die Fähigkeiten zu erlernen, um eine Kultur des sofortigen Handelns zu inspirieren, nicht nur die Worte. Führungskräfte müssen lernen, anderen zu helfen, den Status quo zu durchbrechen. Dies bedeutet, die Selbstkritik-Mentalität (Hansei) zu lernen (Ohno 1990).

- **Netzwerkgedanke (Nemawashi, 根回し)**
  Stehen in Unternehmen beispielsweise wichtige Entscheidungen an, gibt es zumeist einen festgelegten Prozess, der sowohl horizontal als auch vertikal verläuft, also Geschäftsführung und Abteilungsleitungen einschließlich der betroffenen Mitarbeitenden. Dies geschieht mittels einer Umlaufakte. Dabei läuft im Vorfeld und Hintergrund stets das Nemawashi (根回し). Der Begriff stammt ursprünglich aus dem Gartenbau und bedeutete dort das Herumgehen (mawashi) um eine Pflanze und Aufgraben der Wurzeln (ne) zum späteren Verpflanzen. Jede Entscheidungsfindung bedeutet Netzwerkpflege und Wertschätzung gegenüber den Beteiligten.

- **Perfektion als Treiber für Kundenzufriedenheit**
  Wabi-Sabi und Kintsugi sind Begriffe für Perfektion. Sie stammen aus dem traditionellen Japanischen und beschreiben die Perfektion im Unvollkommenen. Kintsugi beschreibt die hohe Kunst, in kaputten, zerbrochenen und zerstörten Sachen das Schöne zu sehen. Das bezieht sich nicht nur auf Materielles. Wenn die Dinge wieder repariert werden oder gar anders zusammengesetzt werden, kreieren genau diese Stadien des Gegenstands seine Geschichte. Das macht ihn lebendig und zu etwas sehr Schönen.

2.3 Toyota-Produktionssystem (トヨタ生産方式)

Als Kiichiro Toyoda, Taiichi Ohno und andere bei Toyota diese Situation in den 1930er-Jahren und noch intensiver kurz nach dem Zweiten Weltkrieg betrachteten, kam ihnen der Gedanke, dass eine Reihe einfacher Innovationen die Kontinuität im Prozessablauf eher ermöglichen könnten als ein vielfältiges Produktangebot. Sie überholten daher Fords ursprüngliche Denkweise und erfanden das Toyota Production System (TPS, Toyota Seisan Hoshiki – トヨタ生産方式).

Dieses System verlagerte im Wesentlichen den Fokus des Fertigungsingenieurs von den einzelnen Maschinen und deren Nutzung auf den Fluss des Produkts durch den Gesamtprozess. Toyota kam zu dem Schluss, dass

- durch richtige Dimensionierung der Maschinen (angepasst an das tatsächlich benötigte Volumen),
- durch selbstüberwachende Maschinen zur Gewährleistung der Qualität,
- durch Ausrichten der Maschinen in der Prozesssequenz,
- durch schnelle Einrichtungsvorgängen (jede Maschine kann kleine Mengen mit vielen Teilenummern herstellen) und
- wenn jeder Prozessschritt dem vorherigen Schritt seinen aktuellen Materialbedarf mitteilt,

es möglich wäre, niedrige Kosten, hohe Vielfalt, hohe Qualität und sehr schnelle Durchlaufzeiten zu erzielen, um auf sich ändernde Kundenwünsche zu reagieren.

Das Konzept des TPS basiert auf einem Paradigma der permanenten und kontinuierlichen Verbesserung, der Kaizen-Philosophie. Bild 2.3 zeigt die Bedeutung von Kaizen als Verbesserungen in kleinen Schritten zum Besseren.

Auch das Informationsmanagement könnte deutlich einfacher und genauer gestaltet werden (Liker 2020). Kaizen muss Teil der Mission und Vision des Unternehmens sein. Zusammen mit Kata (Methoden, Routinen) und Keiretsu (Netzwerke) ist Lean Management die ideale Philosophie und das ideale Paradigma, um sich auf wertschöpfende Aktivitäten entlang der Wertschöpfungskette und mit allen relevanten Stakeholdern zu konzentrieren. Der Denkprozess von Lean wurde ausführlich in dem Buch „The Machine That Changed the World" (1990) von Womack, Jones und Ross beschrieben.

> James Womack erwarb seinen Bachelor 1970 in Politische Wissenschaften an der University of Chicago. Seinen Master in Transportsysteme machte er 1975 an der Harvard University. Den Doktorgrad in Politische Wissenschaften erhielt er vom Massachusetts Institute of Technology (MIT) 1982 für eine Dissertation über den Vergleich der Industriepolitik zwischen den USA, Deutschland und Japan. Von 1975 bis 1991 leitete Womack als Wissenschaftler eine Reihe vergleichender Studien über Produktionspraktiken weltweit, wobei das von der Automobilindustrie mit mehr als 5 Mio. US-Dollar gesponserte International Motor Vehicle Program (IMVP) die bedeutendste war. Womack verließ kurz nach Veröffentlichung seines Buches das MIT und gründete das „Lean Enterprise Institute", das er von 1997 bis 2010 leitete.

Die schlanken Prinzipien basieren gemäß Womack auf den in Tabelle 2.1 dargestellten fünf Elementen.

Tabelle 2.1 Lean-Prinzipien bei Toyota

Nr.	Prinzip
1.	Kundenzufriedenheit: Konzentration auf Wertschöpfung, da der Kunde nur für wertschöpfende Produkte und Dienstleistungen zahlen möchte
2.	Wertstromanalyse: Transparenzmachung des Wertstroms für jedes Produkt und Hinterfragung nicht benötigter Schritte und Operationen
3.	Fließprinzip: Kontinuierlicher Fluss des von Produkten entlang der gesamten Wertschöpfungskette
4.	Ziehprinzip: Produktion und Herstellung der Güter nur nach aktiver interner und externer Kundennachfrage
5.	Verbesserungen: Analyse und Implementierung von Verbesserungen, mit dem Ziel, den Kunden zufrieden zu stellen

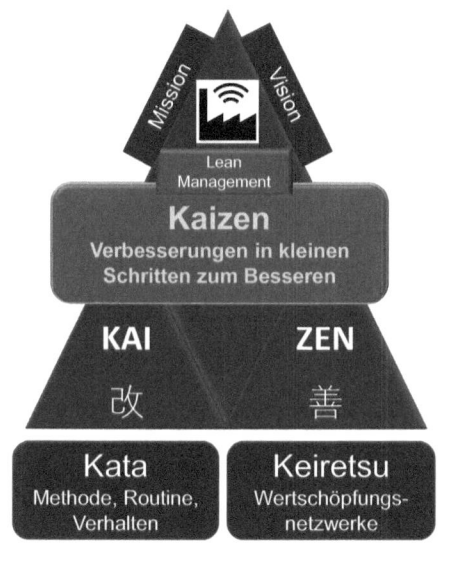

Bild 2.3 Kaizen mit dem Ziel der Verbesserungen in kleinen Schritten

Bild 2.4 zeigt die Entwicklung des Lean Management mit wichtigen Konzepten und Wegbereitern. Der Lean-Management-Ansatz wurde durch Arbeits- und Zeitstudien („Scienctic Management" und „Time Studies") von Frederick Taylor entwickelt. Henry Ford hat diesen in die Praxis umgesetzt und das Fließprinzip in seiner Model-T Produktion eingesetzt. Taiichi Ohno hat diese Prinzipien zum heutigen Lean Management mit der Einbindung der Belegschaft weiter optimiert. James Womack hat den Lean-Management-Ansatz durch seine Veröffentlichungen außerhalb Japans bekannt gemacht (Womack & Jones 2003).

Lean Management-Entwicklungen und Wegbereiter

1900 — Taylorismus (Frederick Taylor) (1856–1915) mit „Scientific Management" und „Time Studies"

1915 / 1930 — Frederick Taylor / Henry Ford: Ford produziert sein Model T nach dem Fließprinzip auf Fertigungsstraßen, jedoch gibt es kaum Varianten

1950 / 1980 — Taiichi Ohno: Anfänge von Lean Management in der Produktion bei Toyota in Japan durch Taiichi Ohno

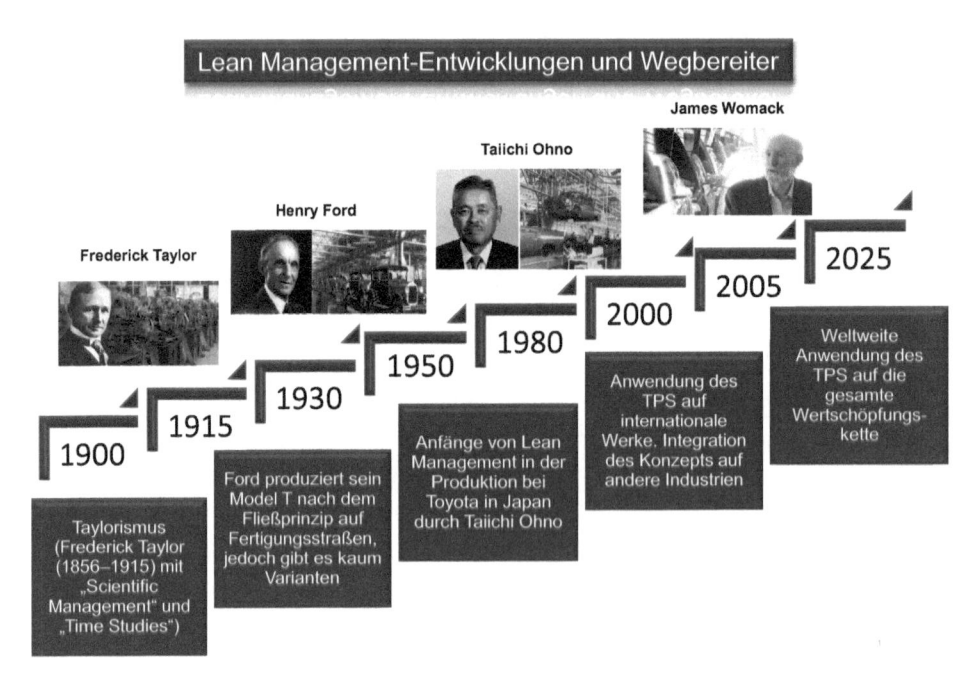

2000 / 2005 — Anwendung des TPS auf internationale Werke. Integration des Konzepts auf andere Industrien

2025 — James Womack: Weltweite Anwendung des TPS auf die gesamte Wertschöpfungskette

Bild 2.4 Wegbereiter und Entwicklungen des Lean Management

Der Gründer und Wegbereiter des TPS

Taiichi Ohno ist der Erfinder des Toyota-Produktionssystems. Er entwickelte die heutigen logistischen Basismethoden Kanban-System und Just-in-time-Produktion in den Jahren von 1950 bis 1982. Das japanische Management-Konzept Kaizen basiert ebenfalls auf seinen Ideen. Ohno studierte am Nagoya Institute of Technology. Zu Toyota kam er 1932. In den 50er-Jahren wurde er Produktionsleiter im Stammwerk von Toyota. 1956 reiste er nach Detroit, um die Automobilfabriken Ford Motor Company und General Motors zu besichtigen. Ohno analysierte das Produktionssystem von Henry Ford und wandelte es für seine eigenen Zwecke ab, da dieses System der Massenproduktion für kleine Stückzahlen in großer Varianz nicht geeignet sei. Die Fertigung musste effizient sein. Bei Ford waren die Arbeitsumfänge so minimalisiert, dass der Arbeiter nicht mehr denken musste. Hier gab es nur eine Devise und die hieß „Bewegt das Blech!". Ohno hat seinen Arbeitern die Möglichkeit gegeben, das Fließband anzuhalten, wenn es ein Problem gab und das Problem an Ort und Stelle nachhaltig zu lösen. Ohno ist der Vater des Toyota-Produktionssystems, dem er sich bis ins hohe Alter gewidmet hat. Nach seiner Pensionierung bei Toyota wurde er Chairman bei Toyoda Gosei, einem Zulieferer von Armaturentafeln, Lenkrädern und anderen Teilen für Toyota. Hier hat er noch einmal all das, was er teilweise experimentell über Jahrzehnte in den Toyota-Fabriken entwickelt hat, zum Einsatz gebracht.

2.4 Lean Management in der heutigen Zeit

Kaum ein Unternehmen hat sich aktuell noch nicht mit dem Thema „Lean" beschäftigt. Allerdings befinden wir uns noch am Anfang, was das tatsächliche Lean-Bewusstsein von Führungskräften und den Einsatz von Lean-Methoden betrifft.

Wertschöpfungsnetzwerke sind komplexe und internationale Angebots- und Nachfragestrukturen. Insbesondere japanische Hersteller zeigen, wie Lieferanten nachhaltig in die eigene Wertschöpfungskette und Aktivitäten eingebunden werden (Helmold & Terry 2016). Die japanischen Netzwerke werden als „Keiretsu-Netzwerke" bezeichnet, in denen Lieferanten und Kunden integrierte Systeme entlang der Wertschöpfungskette sind (Helmold & Samara 2019). Zukünftige Lean Management Konzepte und Supply Chains werden transparent und optimal gestaltet, sodass verschwenderische Tätigkeiten und Prozesse zum frühestmöglichen Zeitpunkt eliminiert werden können (Srai & Gregory 2008). In Zukunft wird die Wettbewerbsfähigkeit darüber entscheiden, wer über das flexibelste und effizienteste Wertschöpfungsnetzwerk verfügt, das Wertströme vom Rohstofflieferanten über den eigenen Betrieb bis hin zur Distribution an die Kunden umfasst (Helmold & Terry 2021).

> **Unternehmenskultur bei Toyota**
> *Unternehmenswerte als Schlüssel zum Erfolg*
>
> Die Unternehmenskultur der Toyota Motor Corporation definiert die Reaktionen der Mitarbeitenden auf Herausforderungen, denen sich das Unternehmen auf dem Markt gegenübersieht. Als weltweit führendes Unternehmen in der Automobilindustrie nutzt Toyota seine Unternehmenskultur, um die Innovationskraft der Humanressourcen zu maximieren. Auch bei der Unterstützung bei der Problemlösung profitiert das Unternehmen von seiner Organisationskultur (Meyer 2021). Die unterschiedlichen Merkmale der Unternehmenskultur von Toyota weisen auf einen sorgfältigen Ansatz bei der Erleichterung des organisatorischen Lernens hin. Das Automobilunternehmen unterliegt von Zeit zu Zeit erheblichen Veränderungen, was sich in der Veränderung seiner Organisationsstruktur in den letzten Jahren widerspiegelt (Fiordelisi et al. 2019). Die Unternehmenskultur von Toyota unterstreicht die Bedeutung der Entwicklung einer geeigneten Kultur zur Unterstützung des globalen Geschäftserfolgs.
>
> Die Organisationskultur von Toyota unterstützt effektiv die Bemühungen des Unternehmens um Innovation und kontinuierliche Verbesserung. Ein Verständnis dieser Unternehmenskultur ist von Vorteil, um Überzeugungen und Prinzipien zu identifizieren, die zur Stärke des Unternehmens und der Marken gegenüber Konkurrenten wie Tesla, Ford und General Motors beitragen.

Merkmale der Unternehmenskultur von Toyota

Die in den letzten Jahren durchgeführten Transformationsprojekte haben die Organisationskultur von Toyota nachhaltig und signifikant verändert. Früher betonte die Unternehmenskultur ein Gefühl von Hierarchie, Zentralisierung und Geheimhaltung, was sich in der Wahrnehmung der Mitarbeitenden niederschlug, dass alle Entscheidungen vom Hauptsitz in Tokio aus getroffen werden müssen (Thiele 2018). Nach dem Umbruch sind die Merkmale der Toyota-Organisationskultur jedoch nach Bedeutung geordnet:

- **Zusammenarbeit und Kollaboration**
  Toyota setzt in den meisten Geschäftsbereichen Teams ein. Einer der Grundsätze des Unternehmens ist, dass die Synergie der Teamarbeit zu mehr Fähigkeiten und Erfolg in der Automobilindustrie führt. Dieser Teil der Unternehmenskultur betont die Einbindung der Mitarbeitenden in ihre jeweiligen Teams. Um sicherzustellen, dass die Teamarbeit richtig in die Unternehmenskultur integriert ist, durchläuft jeder Toyota-Mitarbeitende ein Teambuilding-Trainingsprogramm.
- **Kontinuierliche Verbesserung durch ständiges Lernen**
  Die Organisationskultur von Toyota erleichtert die Entwicklung des Unternehmens als lernende Organisation. Eine lernende Organisation nutzt Informationen, die durch die Aktivitäten einzelner Arbeitnehmer gewonnen wurden, um Strategien und Programme für bessere Ergebnisse zu entwickeln. Die Unternehmenskultur von Toyota betont Lernen als eine Möglichkeit, Lösungen für Probleme zu entwickeln. Auf diese Weise verbessert das Automobilunternehmen mit Unterstützung seiner Organisationskultur kontinuierlich Prozesse und Leistungen, um sein Unternehmensleitbild und seine Vision zu erfüllen.
- **Qualität in Prozessen und Produkten**
  Qualität ist das Herzstück der Unternehmenskultur von Toyota. Der Erfolg des Unternehmens wird typischerweise auf seine Fähigkeit zurückgeführt, qualitativ hochwertige Automobile anzubieten. Um Qualität effektiv in seine Unternehmenskultur zu integrieren, verwendet das Unternehmen das Prinzip Nr. 5 von The Toyota Way, das besagt, „eine Kultur aufzubauen, in der man anhält, um Probleme zu lösen, um die Qualität beim ersten Mal richtig zu machen". Der Toyota Way ist ein Satz von Prinzipien, der die im Unternehmen verwendeten Geschäftsansätze definiert.
- **Problemlösung und Geheimhaltung**
  Die Organisationskultur von Toyota unterliegt einem beträchtlichen Maß an Geheimhaltung. Allerdings hat die Geheimhaltung in den letzten Jahren nach der Reorganisation des Unternehmens abgenommen, Toyota ist bereit, mehr Prinzipien des großen Erfolgs auch preiszugeben. In früheren Jahren mussten Informationen über Probleme am Arbeitsplatz zentral über die Firmenzentrale in Toyota City, Japan, eingehen. Nach diversen Reorganisationen legt die Organisationskultur des Unternehmens jedoch weniger Wert auf Zentralisierung, sondern auf Lösung der Probleme vor Ort. So werden beispielsweise Probleme in US-Werken nun innerhalb der nordamerikanischen Geschäftseinheit von Toyota verbreitet, analysiert und gelöst.

> **Auswirkungen der Unternehmenskultur von Toyota**
> Die Merkmale der Organisationskultur von Toyota ermöglichen es dem Unternehmen, weiter zu wachsen. Innovation basiert auf kontinuierlicher Verbesserung durch Lernen. Qualitätsverbesserung und Problemlösung werden durch die Aktivitäten von Arbeitsteams erreicht. Die Geheimhaltungsfunktion der Toyota-Unternehmenskultur birgt jedoch mögliche Nachteile, da sie die organisatorische Flexibilität bei der schnellen Problemlösung verringert.

Literatur

Bertagnolli, F.: (2020) *Lean Management*. 2. Auflage. Einführung und Vertiefung in die japanische Management-Philosophie. Springer, Wiesbaden.

Elis, V.: (2009) Von Amerika nach Japan – und zurück. Die historischen Wurzeln und Transformationen des Toyotismus, in: *Zeithistorische Forschungen/Studies in Contemporary History*, Online-Ausgabe, 6 (2009). Abgerufen am 6.8.2020. https://zeithistorische-forschungen.de/2-2009/4462.

Fiordelisi, F.; Renneboog, L.; Ricci, O. et al.: (2019) *Creative corporate culture and innovation*. Journal of International Financial Markets, Institutions and Money, 63.

Helmold, M. and Terry, B.: (2021) *Operations and Supply Management 4.0. Industry Insights, Case Studies and Best Practices.* Springer, Heidelberg.

Helmold, M.: (2021) *Kaizen, Lean Management und Digitalisierung. Mit den japanischen Konzepten Wettbewerbsvorteile für das Unternehmen erzielen.* Springer, Heidelberg.

Helmold, M.; Terry, B.: (2016) *Global Sourcing and Supply Management Excellence in China. Procurement Guide for Supply Experts.* Springer, Singapore.

Helmold, M.; Terry, B.: (2021) *Operations and Supply Management 4.0. Industry Insights, Case Studies and Best Practices.* Springer, Heidelberg.

Hounshell, David A.: (1988) *Organisational Structure. The same old principles in the New Manufacturing.* Harvard Business Review. Retrieved 25.11.2019. https://hbr.org/1988/11/the-same-old-principles-in-the-new-manufacturing.

James R.; Lincoln, M. L.; Takahashi, G. et al.: (1997) *Keiretsu Networks in the Japanese Economy: An Analysis of Intercorporate Ties.* American Sociological Review. 57 (5), 561–585.

Kalkowsky, M.: (2004) *Nur Porsche hat das Lean Management begriffen: Interview with Prof. D. Jones.* Produktion. 31, 16.

Liker, J. K.: (2020) *The Toyota Way. The Toyota Way: 14 Management Principles from the World's Greatest Manufacturer.* 2nd Ed. McGraw-Hill, Madison.

Meyer, P.: (2021) *Business Management. Toyota's Organizational Culture Characteristics: An Analysis.* Panmore Institute. Retrieved 7.11.2021. http://panmore.com/toyota-organizational-culture-characteristics-analysis.

Nakano, M.: (2020) *Supply Chain Management. Strategy and Organization.* Springer, Cham.

Ohno, T.: (1990) *Toyota Production System. Beyond large Scale Production.* Productivity Press, New York.

Sinha, N.; Matharu, M.: (2019) *A comprehensive insight into Lean management: Literature review and trends.* Journal of Industrial Engineering and Management. Vol 12, No 2.

Slack, N.; Brandon-Jones, B. A.: (2021) *Slack: Operations and Process Management. Principles and Practice for strategic Impact.* 6th Ed. Pearson London.

Srai, J. S.; Gregory, M. F.: (2008) *A supply network configuration perspective on international supply chain development.* International Journal of Operations & Production Management. 28 (5), 386–411.

Thiele, K.O.: (2018) National culture and organizational culture in Japan. In: *The Views of Japanese Employees on Cross-Border M&As* (pp. 73–113). Springer Gabler, Wiesbaden.

Womack, J.P.; Jones, D.T.; Ross, D.: (1990) *The Machine That Changed the World: The Story of Lean Production*. National Bestseller.

Womack, J.P.; Jones, D.T.: (2003) *Lean Thinking: Banish Waste And Create Wealth In Your Corporation*. Simon & Schuster, Sydney.

3 Kaizen (改善) – Stetige Verbesserungen in kleinen Schritten

Kaizen (改善) ist das Prinzip der schrittweisen Verbesserungen (Ohno 1990) und bedeutet im weiteren Sinne Verbesserung und kontinuierliche Verbesserung des persönlichen Lebens, des häuslichen Lebens, des sozialen Lebens und des Arbeitslebens. Auf den Arbeitsplatz in Betrieben angewendet bedeutet diese Philosophie eine kontinuierliche Verbesserung, an der alle im Unternehmen beschäftigten Personen direkt und aktiv beteiligt sind, d.h. Manager und Arbeitnehmer gleichermaßen (Kaizen-Institut 2019). Kaizen baut auf Kundenwissen und Transparenz auf. Mit Kaizen ist es möglich, einen Prozess ohne größere Investitionen zu verbessern. Kaizen ist in jedem Unternehmen von grundlegender Bedeutung für eine erfolgreiche Kultur der kontinuierlichen Verbesserung und ermöglicht eine Steigerung der Qualität, Produktivität und Effizienz (Kaizen Institute 2019).

> Kaizen kann mit „Veränderung zum Besseren" übersetzt werden. Das Hauptziel von Kaizen ist die kontinuierliche Verbesserung der Arbeitsbereiche, Prozesse und Produkte durch die Integration der Menschen in den betroffenen Bereichen (Kürble et al. 2016).

■ 3.1 Kaizen und Innovationen

Kaizen ist eng mit einer prozessorientierten Denkweise verbunden und Verbesserungen werden in kleinen Schritten kontinuierlich in kleinen Schritten (inkrementell) erzielt. Mitarbeitende werden aufgefordert, auf Verbesserungsmöglichkeiten zu achten und laufend kleine Änderungen in ihrem Arbeitsbereich vorzunehmen. Der kumulative Effekt solcher vielen kleinen Änderungen kann im Laufe der Zeit sehr bedeutend sein, insbesondere dann, wenn alle Mitarbeitende und alle Führungskräfte eines Unternehmens Kaizen in ihrer täglichen Arbeit umsetzen.

Kaizen wurde zuerst im Herstellungsprozess eingesetzt. Mittlerweile wird es in vielen Bereichen eingesetzt wie Einkauf, Vertrieb, Buchhaltung, Engineering und

Kundendienst sowie für die Verbesserung der Effizienz von Geschäftsmodellen und Lieferketten, die über das Unternehmen hinausgehen.

Kaizen wird schrittweise vollzogen, Innovationen hingegen sind zumeist radikale Änderungen. Innovationen sind daher meist mit größeren Anschaffungskosten und Investitionen verbunden. Entgegen der Kaizen-Philosophie (Bottom-up) werden Innovationen gezielt vom Management geplant und angewiesen, oft mithilfe von Projektteams oder auch Beratern (Top-down). Bild 3.1 zeigt die Merkmale von Verbesserungen (Kaizen) und Innovationen.

Kaizen (改善)
- Kleine Veränderungen
- Niedriges Investment
- Keine Risiken
- Einbindung Mitarbeitender
- Kurzfristige Umsetzung
- Teamentscheidung
- Bottom-up-Ansatz

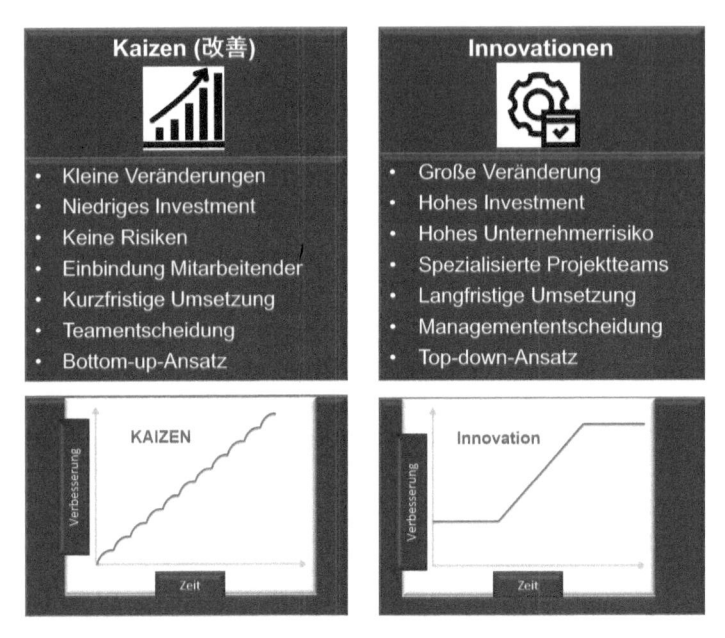

Innovationen
- Große Veränderung
- Hohes Investment
- Hohes Unternehmerrisiko
- Spezialisierte Projektteams
- Langfristige Umsetzung
- Managemententscheidung
- Top-down-Ansatz

Bild 3.1 Kaizen und Innovationen

Wird Kaizen umgesetzt, sollte ein Mitarbeitender, wenn ein Fehler oder eine Unstimmigkeit bemerkt wird, die Arbeit einstellen und mit der verantwortlichen Führungskraft einen Verbesserungsvorschlag machen, der diesen Fehler oder diese Unstimmigkeit behebt (Bertagnolli 2020). Die Verbesserung sollte dabei schrittweise und unendlich erfolgen und Perfektion fokussieren. Mitarbeitende sollten in das Unternehmen eingebunden sein und alle Aspekte (Prozesse, Produkte, Infrastruktur usw.) verbessern. Kundenorientierung ist dabei zentral, denn deren Bedürfnisse und Anforderungen müssen möglichst optimal befriedigt werden.

Kaizen konzentriert sich auf Teams (Qualitätszirkel), fördert Teamwork und Teamgeist, erkennt aber auch den individuellen Beitrag an. Es betont das Engagement jedes Mitarbeitenden für das Konzept und die Vision des Unternehmens, damit sich Mitarbeitende mit dem Unternehmen, seiner Kultur und seinen Zielen identifizieren können. Die wichtigen Aspekte von Kaizen sind:

- Was ist falsch? Nicht: Wer ist falsch?
- Wie kann Abfall (Muda) beseitigt werden?
- Wie kann ich falsche Prozesse korrigieren?
- Wie können Qualitätskosten gesenkt werden?

Im Regelfall wird Kaizen durch Workshops realisiert. Ihre typische Dauer kann zwischen drei und fünf Tagen variieren. Ziel eines Kaizen-Workshops ist es, die Verbesserungen während des Workshops umzusetzen. Die zehn Prinzipien von Kaizen können wie folgt beschrieben werden:

1. Ablehnung des Status quo
2. Sofortige Korrekturen, wenn etwas nicht stimmt
3. Keine Akzeptanz von Ausreden
4. Stetige Verbesserungen in allen Bereichen
5. Abschaffung alter und traditioneller Konzepte
6. Sparsamkeit und Wirtschaftlichkeit in allen Aktivitäten
7. Befähigung aller Mitarbeitenden zur Teilnahme an Problemlösungen
8. Hinterfragung der Situation vor dem Treffen von Entscheidungen
9. Einholung von Informationen und Meinungen mehrerer Personen
10. Verständnis, dass Verbesserungen niemals aufhören

> Kaizen ist ein Rahmen, der den Wandel der Unternehmenskultur mit der täglichen Umsetzung der Prinzipien verbindet (Liker 2004).

Ein zentrales Werkzeug im Rahmen von Kaizen ist der PDCA-Zyklus in Bild 3.2. PDCA ist eine iterative vierstufige Methode, die zur Steuerung und kontinuierlichen Verbesserung von Prozessen und Produkten eingesetzt wird. Als Erfinder gilt William Edwards Deming, daher ist der PDCA-Zyklus auch bekannt als Deming-Kreis oder Deming-Zyklus. Der PDCA-Zyklus visualisiert seit den 1950er-Jahren vereinfacht die elementaren Schritte eines kontinuierlichen Verbesserungsprozesses:

- Plan: Analyse der aktuellen Situation und Definition eines Verbesserungsplans
- Do: Implementierung der definierten Lösung
- Check: Überprüfung und Validierung der Verbesserungen
- Act: Definition von Gegenmaßnahmen bei Abweichung vom Ziel und Standardisierung der besten Lösung

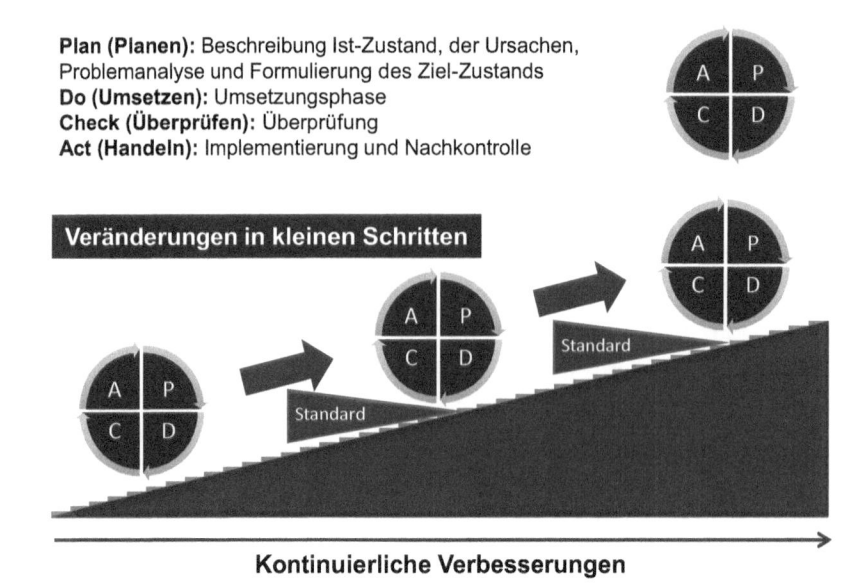

Plan (Planen): Beschreibung Ist-Zustand, der Ursachen, Problemanalyse und Formulierung des Ziel-Zustands
Do (Umsetzen): Umsetzungsphase
Check (Überprüfen): Überprüfung
Act (Handeln): Implementierung und Nachkontrolle

Bild 3.2 PDCA-Zyklus

Nach der Verbesserung müssen die Aktionen und Verbesserungen standardisiert und implementiert werden, damit der Prozess oder die Aktivität nicht in den alten Zustand zurückkehrt. Wenn dies gesichert ist, kann man die nächste Verbesserung anstreben. Unternehmen, die nach schlanker Exzellenz streben, führen gemeinsame Aktivitäten zu stetigen Verbesserungen mit Wertschöpfungspartnern wie Lieferanten, Kunden, Beratern und anderen Parteien durch (Helmold & Terry 2016). So ist eine ganzheitliche Betrachtung der gesamten Wertschöpfungskette möglich (Liker 2004).

> **Hansei-Kai (反省会)**
> Hansei-Kai (反省会) sind Reflektionsmeetings, die meist mithilfe eines Lean Coaches oder Moderators interdisziplinär mit unterschiedlichen Werkzeugen (z. B. Brainstorming, Design Thinking) durchgeführt werden. Ziel dieser Meetings ist, durch Reflektion Verbesserungen zu erreichen.

Hansei (反省, „Selbstreflexion") ist eine zentrale Idee in der japanischen Kultur und bedeutet, den eigenen Fehler anzuerkennen und Verbesserungen zu versprechen. Dies ähnelt dem deutschen Sprichwort „Selbsterkenntnis ist der erste Schritt zur Besserung", eine bessere Übersetzung wäre „Einsicht in sich selbst ist der erste Schritt zur Verbesserung". Im Gegensatz zur westlichen Kultur, in der die öffentliche Zugabe eines Fehlers oft als Schwäche interpretiert wird, ist dies in der japanischen Fehlerkultur eine überaus respektierte und anerkennungswürdige

Handlung, für die es eigens ein Wort gibt. Hansei (jap.: 反) lässt sich nicht wörtlich übersetzen, am nächsten kommt jedoch: Reflektion.

Dieses eine Wort beschreibt, dass man über eine Situation und sich selbst nachdenkt und beurteilt, was war gut, was war weniger gut. Man übernimmt Verantwortung für das Geschehene und lernt daraus. Im Hansei-Prozess liegt der Schwerpunkt darauf, was schiefgelaufen ist und klare Pläne zu erstellen, um sicherzustellen, dass es sich nicht wiederholt; dies geschieht ständig und konsequent. Bei Toyota gibt es, auch wenn man ein Projekt erfolgreich abschließt, immer noch einen Hansei-Kai (Reflexionsmeeting), um zu überprüfen, was schiefgelaufen ist. Wenn ein Manager oder Ingenieur behauptet, dass es keine Probleme mit dem Projekt gegeben hat, wird er daran erinnert, dass „kein Problem ein Problem" ist – das heißt, dass man das Projekt nicht objektiv und kritisch bewertet hat, um Verbesserungsmöglichkeiten zu finden. Keine Probleme deuten darauf hin, dass man sich nicht gestreckt hat, um die erwartete Kapazität zu erreichen (oder zu überschreiten).

■ 3.2 Kaizen (改善) und Kaikaku (改革)

Durch Kaizen beziehungsweise KVP können nicht alle gewünschten Veränderungsmaßnahmen eingeleitet werden. Ist eine grundlegende Änderung notwendig, greift diese Lean-Methode zu kurz. Hier kommt Kaikaku ins Spiel: Übersetzt bedeutet Kaikaku so viel wie „Reform" oder „radikaler Wandel" (改革, Reform). Bei Kaikaku geht es um die Einführung einer Veränderung, die zu einem exakten Zeitpunkt geschieht, und nicht um einen Prozess kleinschrittig wie bei Kaizen zu verändern. Aus diesem Grund hat sich für Kaikaku auch die alternative Bezeichnung „Durchbruchs-Kaizen" etabliert. Kaikaku bedeutet „Revolution im Denken und Handeln" und „Verbesserung von großer Tragweite". Es beschleunigt durch einen konzentrierten Krafteinsatz vorübergehend die Geschwindigkeit und die Tragweite von Kaizen. Tabelle 3.1 stellt die Unterschiede beider Methoden dar.

Tabelle 3.1 Kaizen (改善) und Kaikaku (改革)

KAIZEN (改善)	KAIKAKU (改革)
Viele kleine, inkrementelle Verbesserungen in allen Bereichen	Größere und punktuelle Verbesserungen, die auf strategische Projekte ausgerichtet sind
Systematische Analyse für alle Bereiche und Projekte	Systematische Analyse und Synthese einzelner Projekte und Verbesserungsmaßnahmen
Einbindung vieler Teams und Einzelpersonen in allen Funktionen	Bindet weniger Personen ein, da nur punktuelle Projekte umgesetzt werden
Die ganze Organisation ist an den Verbesserungszielen ausgerichtet	Beginnt beim Management
Einsatz meist taktischer und operativer Maßnahmen	Wird von der Unternehmensspitze getrieben, strategische Maßnahmen
Hält ständig an	Ist auf eine Zeitperiode begrenzt

Zu Kaikaku-Projekten zählen beispielsweise punktuell ausgerichtete Verbesserungsprojekte, die sich der Umstrukturierung von Produktionssystemen widmen. Die Initiative geht hier also nicht von der Belegschaft, sondern von der Führungsebene aus. Dennoch sind Kaikaku und Kaizen keine Konkurrenten im eigentlichen Sinne. Vielmehr ist das genaue Gegenteil der Fall. Oft schafft Kaikaku erst die Grundlagen, um später mit KVP den Kaizen-Gedanken in die manuelle Fertigung zu tragen. Wird Lean Management implementiert sind beide Methoden notwendig, wobei Kaikaku auf spezifische strategische Projekte und Verbesserungen zielt.

3.3 Visualisierung als Teil des Lean Management

83 % der Probleme werden visuell (mit dem Augensinn) wahrgenommen (Bild 3.3). Mit einer Visualisierung werden Menschen auf Themen und Sachverhalte aufmerksam gemacht. Arbeitsabläufe, Prozessfortschritte und Ziele können für alle Beteiligten transparent dargestellt werden. Damit wird das Verständnis für die eigene Beteiligung am Prozess oder der Zielerreichung erhöht. Visualisierung ist daher ein entscheidender Bestandteil für die Implementierung von Kaizen.

> **Was soll visuell dargestellt werden?**
> Die am Prozess beteiligten Mitarbeitenden müssen in der Lage sein, folgende Fragen zu beantworten:

- Welchen Auftrag und welches Ziel hat das Team?
- Welche Kennzahlen werden benutzt, um dies zu messen?
- Wie viel weicht der IST-Zustand vom SOLL-Zustand ab?
- Was genau gibt es für Prozesse und welche Probleme gibt es im Zusammenhang mit diesen Prozessen?
- Welche Maßnahmen sind geplant, um diese Probleme zu lösen bzw. welche Verbesserungen können eingeführt werden?

Visuelles Management beinhaltet den Einsatz von sichtbaren Hilfen wie Schautafeln, Piktogrammen oder Kennzahlen. Ansatzpunkt ist, dass Probleme nur gelöst werden können, wenn sie sichtbar sind – dies gilt für alle Unternehmensbereiche, von der Fertigung bis zur Administration. Ziel des visuellen Managements ist, Mitarbeitende schnell, übersichtlich und effizient zu informieren. Jede Person sollte zu jedem Zeitpunkt in der Lage sein, die jeweilige Situation vor Ort zu beurteilen.

Die (audio-)visuelle Darstellung muss dabei leicht erfassbar sein. Soll-Ist-Vergleiche geben beispielsweise einen Überblick über Ziele, Aktivitäten, Status quo und zeitliche Rahmenbedingungen einer Unternehmenseinheit. Dazu können in Echtzeit Informationen über (Produkt- oder Dienstleistungs-)Qualität und bzw. oder Output (Anzahl und Arten der produzierten Güter) – Ziele, Erfolge und Abweichungen – für alle Beteiligten sichtbar gemacht.

Die Visualisierung als Informationsinstrument für Mitarbeitende erfolgt durch Einsatz verschiedener, aufeinander abgestimmter Instrumente. Zu den audiovisuellen (grafischen, optischen und akustischen) Instrumenten der Darstellung gehören z. B. Informationstafeln, Symbole, Grafiken (Berichte, Analysen, Diagramme), Aushänge, Plakate, Ampelindikatoren und Lampen (Andon), Karten (Kanban), Farbmarkierungen, akustische Signale und Videos.

Beispiele für mögliche Visualisierungen
- Produzierte und zu produzierende Mengen (Soll, Ist-Vergleich)
- Art und Umfang sowie Reihenfolge der zu produzierenden Güter
- Maßnahmenpläne aus Verbesserungsworkshops, Schulungen oder Audits
- Betriebliches Vorschlagswesen und umgesetzte Ideen
- Externe und interne Kennzahlen der Lieferkette, Produktion, Kundenseite oder Mitarbeiterzufriedenheit
- Gruppenergebnisse, sowohl als Richtlinie für Mitarbeitende als auch zur Förderung des internen Wettbewerbs (Fehlzeiten, Produktivität, Qualität, Mitarbeiterqualifikation)
- Ziele und Zielerreichungsgrade von Produktion, Mengen, Qualität, Einsparungen oder Beständen
- Arbeitsbereiche (Bodenmarkierungen, innerbetriebliche Verkehrswege etc. durch einheitliche Farbgebung)
- Arbeitsplätze (Risszeichnungen für vorhandene Vorrichtungen und Werkzeuge zur Markierung der entsprechenden Aufbewahrungsorte)

Sinneswahrnehmungen

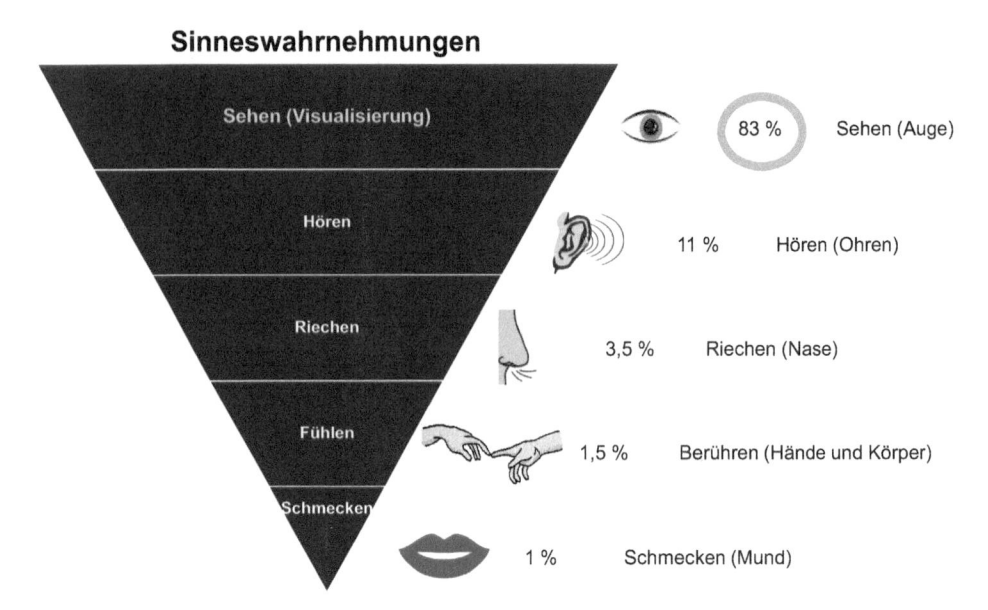

- Sehen (Visualisierung) — 83 % — Sehen (Auge)
- Hören — 11 % — Hören (Ohren)
- Riechen — 3,5 % — Riechen (Nase)
- Fühlen — 1,5 % — Berühren (Hände und Körper)
- Schmecken — 1 % — Schmecken (Mund)

Bild 3.3 Wahrnehmung durch Sinnesorgane

> **Visualisierungsraum bei Alstom**
>
> Bild 3.3 zeigt ein praktisches Beispiel der Visualisierung von Alstom in China. Die Visualisierung findet in einem „War Room", „Visualisierungszentrum" oder dem „Obeya" statt. Obeya bezeichnet eine Form des Lean Managements. Ein Schlüsselelement des visuellen Managements ist Obeya (japanisch für „großer Raum"; 大部屋). Obeya ist ein Lean-Konzept, das sich darauf konzentriert, einen physischen Raum einzurichten, in dem Sie Ihre Projekte strategisch planen und planen. Obeya hilft Unternehmen dabei, Ideen zu generieren, mit dem Management und den Stakeholdern zusammenzuarbeiten und sich einen vollständigen Überblick über die Projekte und alle Probleme zu verschaffen, die gelöst werden müssen.

Visualisierungsraum bei Alstom

Literatur

Bertagnolli, F.: (2020) *Lean Management*. Springer, Wiesbaden.

Helmold, M.: (2020) *Lean Management and Kaizen. Fundamentals from Cases and Examples in Operations and Supply Chain Management*. Springer, Cham.

Helmold, M.; Samara, W.: (2019) *Progress in Performance Management. Industry Insights and Case Studies on Principles, Application Tools, and Practice*. Springer, Heidelberg.

Helmold, M.; Terry, B.: (2016) *Global Sourcing and Supply Management Excellence in China. Procurement Guide for Supply Experts*. Springer, Singapore.

Kuerble, P.; Helmold, M.; Bode, O. H. et al.: (2016) *Beschaffung-Produktion-Marketing*. Tectum, Marburg.

Liker, J. K.: (2004) *The Toyota Way*. McGraw-Hill, Madison.

Ohno, T.: (1990) *Toyota Production System. Beyond large Scale Production*. Productivity Press, New York.

4 Unternehmenskultur und lernende Organisation

■ 4.1 Die Rolle der Führung in der Lean-Management-Kultur

Lean Management hat einen signifikanten Einfluss auf die Führungskultur und auf das Leadership. Lean Management bedeutet, dass Führungskräfte als Vorbildfunktion und Coach agieren. Lean Management zielt auf die größtmögliche Autonomie und Selbstverantwortung der Mitarbeitenden, denn nur Autonomie (engl. Empowerment) führt zur größtmöglichen Motivation und zu optimalen Arbeitsergebnissen (Helmold et al. 2022; Ohno 1990).

Schlanke Unternehmen gehen davon aus, dass der Mensch die Fähigkeit besitzt, große Entwicklungen mit persönlicher Entfaltung zu erreichen, und wollen sich damit ihren Nutzen für das eigene Unternehmen schaffen. Matsushita Konosuke, der für die Gründung des Unternehmens Matsushita Electric Industrial, das später in Panasonic Corporation umbenannt wurde, bekannt ist, definierte 1933 fünf der später (1937) sieben Kernprinzipien, die als „Seven Principles" (deutsch: sieben Kernprinzipien) bekannt geworden sind. Diese Kernprinzipien prägen den japanischen Führungsstil bis heute:

1. Beitrag zur Gesellschaft
2. Fairness und Ehrlichkeit
3. Zusammenarbeit und Teamgeist
4. Erbarmungslose Anstrengungen zur Verbesserung
5. Höflichkeit und Demut
6. Anpassungsfähigkeit
7. Dankbarkeit

Diese acht Prinzipien bilden auch die Basis des Führungsstils im Lean Management. Zentral ist eine einer hohe Wertschätzung der Mitarbeitenden.

Ohne Kommunikation läuft nichts. Kommunikation ist für eine Führungskraft Grundvoraussetzung. Nur eine gute Kommunikation verhindert Missverständnisse. Dabei findet die Kommunikation direkt am Ort des Geschehens und nicht fernab statt. Die Führungskraft soll die Selbstmanagement-Fähigkeiten der Mitarbeitenden fördern. Die Führungskraft sollte dabei als Coach fungieren und nicht autoritär handeln. Die Kommunikation mit den Mitarbeitenden soll auf Augenhöhe geschehen. Den Mitarbeitenden werden von der Führungskraft Fragen gestellt, welche Mitarbeitende zum Nachdenken anregen sollen. Diese Art der Fragestellung soll das Gefühl vermitteln, den Erfolg für die Lösung eines Problems für sich selbst zu beanspruchen. Das führt wiederum dazu, dass Mitarbeitende motiviert sind, eigene Lösungswege zu erarbeiten. Ebenso sollen dadurch neue Ideen hervorgebracht werden. Zudem erhält die Führungskraft Informationen aus erster Hand und nicht über zahlreiche Umwege. Das hat zur Folge, dass die Entscheidungen, die getroffen werden müssen, direkt am Ort des Geschehens stattfinden. Nicht nur ist die Kommunikation zwischen der Führungskraft und den Mitarbeitenden wichtig, sondern auch die Kommunikation zu den einzelnen Schnittstellen. Nur so ist gewährleistet, dass eventuell auftretende Probleme durch Anwesenheit der Schnittstellenvertreter so früh wie möglich angesprochen und beseitigt werden können. Nur mit einer funktionierenden und gut geregelten Kommunikation ist gewährleistet, dass die Informationen zum richtigen Zeitpunkt mit der nötigen Qualität und geringem Aufwand von Ressourcen bereitgestellt werden können.

> **3K: Kiken (危険, gefährlich), Kitsui (きつい, schwierig) und Kitanai (汚い, schmutzig)**
>
> Das 3K-Prinzip bezieht sich auf die Arbeitsumgebung und den Einfluss der Arbeitsatmosphäre auf die Motivation von Mitarbeitenden. Die Gestaltung einer optimalen Arbeitsumgebung, die zu einem Mitarbeitenden passt und hilft, produktiver und zufriedener zu sein, ist im Lean Management eine der zentralen Aufgabe der Führungskräfte. Es erfordert viel Überlegung und Planung. Im Lean Management ist dieses Prinzip als 3K-Prinzip beschrieben.

4.2 Die Rolle der Mitarbeitenden im Lean Management

Das Lean Management soll zu einer Arbeitskultur führen, in der Mitarbeitende autonom und unabhängig Entscheidungen fällen können und dürfen (Empowerment). Mitarbeitende diskutieren Probleme oder Lösungen anhand von Lean Management Tools und treffen Entscheidungen in selbstorganisierten Teams. Die Führungskraft dient als Coach oder Mentor und gibt nur Hilfestellungen (Helmold 2022). Lean Management bedeutet, eigene Mitarbeitende zunehmend in Betriebsabläufe verantwortlich einzubinden. Jeder arbeitet dabei auf dem Platz, der seinen

Fähigkeiten möglichst zutreffend entspricht. Wer mehr Verantwortung übernehmen darf, macht weniger Fehler und ist leistungsbereiter.

Führung durch Einbindung – HoRenSo (報連相)

Der japanische Begriff Horenso (報連相 in anderer Umschrift Hourensou) steht für einen Führungsstil, bei dem Mitarbeitende, im Falle eines Problems im Unternehmen, das Problem den Vorgesetzten oder der Organisationsabteilung melden und nicht untereinander für sich behalten sollen. Dieses soll Mitarbeitende dazu führen, Probleme zu besprechen und nicht zu glauben, diese alleine bewältigen zu müssen. Um Verwechslungen mit dem japanischen Wort für Spinat zu vermeiden, nutzt man auch die Schreibweise Ho-Ren-So; hierbei steht das Ho für „Hokoku" (報告: Bericht), Ren für „Renraku" (連絡: Kontakt) und So für „Sodan" (相談: Beratung). Somit würde man das Akronym Ho-Ren-So theoretisch als Bericht-Kontakt-Beratung ins Deutsche übersetzen und hiermit auch den Vorgang mit der Berichterstattung des Problems, der Kontaktaufnahme zum Vorgesetzten und der anschließend entstehenden Diskussion beziehungsweise Hilfestellung beschreiben. Diese drei Attribute charakterisieren die hierbei entstehende Kollaboration und den Informationsfluss in der effektiven Organisationskultur. Als geeignet gilt dieser Führungsstil bei Fabrikarbeitern, die mit komplexen Maschinen arbeiten, Ingenieuren und Managern.

Yattakoto (やったこ) ist ein Ansatz im Lean Management, um die Erkenntnisse zusammenzufassen und zu verbessern. Das Y fasst eine konkrete Erfahrung zusammen, das W versucht, die gewonnenen Erkenntnisse und Erkenntnisse zu gewinnen, und das T möchte herausfinden, wo dieses Lernen auf eine neue Situation angewendet werden kann. Yattakoto wird als schnelle Feedback- und Einsichtsrunde verwendet, oft innerhalb einer Minute, oft nach einer Sitzung oder am Ende eines jeden Tages in einem Projekt. Die Meetings können mündlich erfolgen, werden aber häufig auch mit schriftlichen Notizen verwendet (Helmold & Terry 2021).

■ 4.3 Kata (形) – Richtung weisen

Der Begriff Kata stammt aus der japanischen Kampfkunst und bezeichnet die detaillierte Festlegung von Bewegungsabläufen. Diese werden durch Üben und Anwenden soweit zur Routine und verinnerlicht, dass sie ohne nachzudenken quasi reflexartig ausgeführt werden. Übertragen auf das Management von Organisationen bzw. Unternehmen ist unter Kata das Herausbilden und Verankern von Routinen im Denken und Handeln auf allen organisationalen Ebenen zu verstehen. Kata muss Teil der Unternehmensstrategie und -werte werden. Bild 4.1 zeigt Kata mit Verbesserungs- und Coaching-Kata.

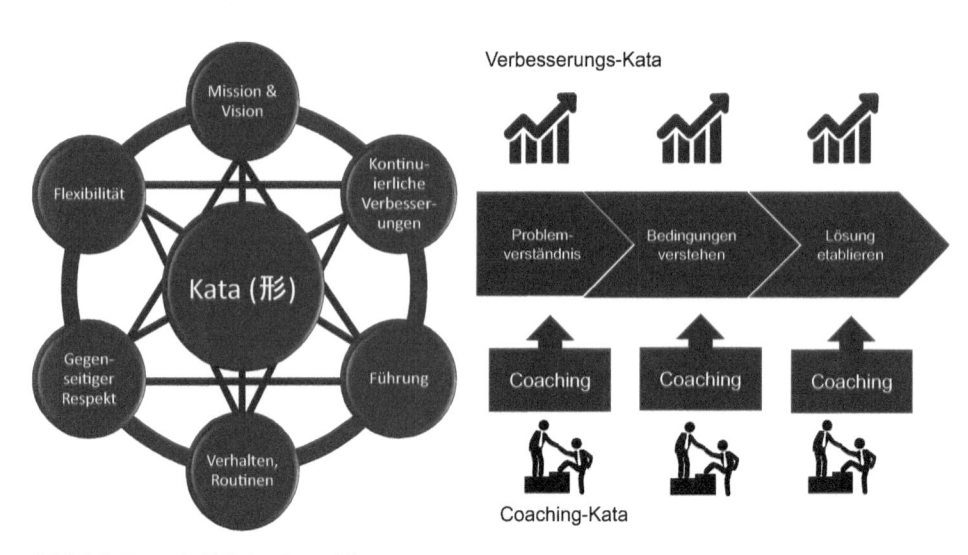

Bild 4.1 Kata als Teil des Lean Managements

Ziel des vom japanischen Autobauer Toyota vor diesem Hintergrund entwickelten Kata-Coachings ist, durch die Entwicklung von entsprechenden Lern- und Verhaltensroutinen die Kompetenz zur Problemlösung als Kernkompetenz im gesamten Unternehmen zu verankern und zu erhöhen. Dazu sind, unabhängig von Personen, Wege aufzuzeigen, um Prozesse und Tätigkeiten kontinuierlich zu hinterfragen und systematisch und nachhaltig zu verbessern (kontinuierlicher Verbesserungsprozess, KVP) sowie flexibel auf Neues reagieren zu können (lernende Organisation). Mitarbeitende sollen die Fähigkeit entwickeln, mit Unsicherheiten, Problemen und Veränderungen produktiv und kreativ umzugehen, und dadurch die Performance des Unternehmens steigern.

> **„Kata" als prägendes Verhaltensmuster**
>
> „Kata" bezeichnet allgemeine gesellschaftliche Regeln und Verhaltensmuster. Diese sind tief in der japanischen Kultur verwurzelt und für Japaner selbstverständlich. Kata prägt auch die Geschäftspraktiken und für das Lean Management elementar. Japaner sind beispielsweise dafür bekannt, Perfektionisten in allem zu sein, was sie tun. Sie sind sehr stolz auf ihre Arbeit und achten darauf, ihre Mitarbeitenden zu schulen, um die höchste Arbeitsqualität zu gewährleisten. Auch Zuhören und Geduld gehören dazu. Eines der Dinge, die Toyota so einzigartig machen, ist, dass es Mitarbeitende nicht nur dazu auffordert, Befehle zu befolgen, sondern ihre eigenen Fähigkeiten und Problemlösungsfähigkeiten zu entwickeln. Das geht nicht von heute auf morgen. Auch die langfristigen Ziele eines Unternehmens stehen mehr im Fokus als die kurzfristigen. Es braucht viel Zeit, um als Experte auf einem beliebigen Gebiet zu gelten, daher ist Geduld erforderlich.

Bei Kata handelt es sich nicht um eine Methode, sondern – als Führungsaufgabe – um das Etablieren eines generellen Denk- und Handlungsschemas, um einen Zielzustand zu erreichen, ohne dass der Weg dorthin bekannt ist. Kata findet kontinuierlich auf allen Ebenen statt. Das Vorgehen bleibt, unabhängig von den gegebenen Umständen, gleich: Das normale tägliche Handeln dient der Prozessverbesserung. Dabei gibt es keine definierten Meilensteine, um einen gewünschten Zielzustand zu erreichen; die jeweilige Verbesserung findet auf der Prozessebene statt, nicht auf der Planungsebene, da auf die aktuellen Verhältnisse am Ort des Geschehens (Gemba) reagiert wird (kontinuierliche Verbesserung und Adaption). Da die Verbesserungsroutine in den Arbeitsablauf der Mitarbeitenden vor Ort eingebettet ist, ist Kata pfad- bzw. zielunabhängig: Die Methode ist in jeder Situation anwendbar, weil nicht das Ziel festgelegt ist und dessen Erreichen geübt wird, sondern das Vorgehen.

> Mit Kata wird Sicherheit durch Verhaltensroutinen erzeugt, nicht durch Führung.

Kata beruht dabei auf folgenden Prinzipien:
- Orientierung an der Vision bzw. der Mission der Organisation
- allgemeingültige Verhaltensroutinen
- Flexibilität (gegenüber Problemstellungen)
- kontinuierliche Verbesserung (KVP)
- gegenseitiger Respekt

Unterschieden werden die beiden Stufen Verbesserungs-Kata und Coaching-Kata.

4.3.1 Verbesserungs-Kata

Die Verbesserungs-Kata ist eine von den gegebenen Umständen unabhängige, neutrale Lernroutine, mit der schrittweise und experimentell über definierte Etappenziele, sogenannte Zielzustände, ein mit der Unternehmensvision übereinstimmender Endzustand angestrebt wird. Die Zielzustände werden aus einem fundierten Verständnis des Ist-Zustands (Arbeitsschritte, Sequenzen und Zeiten; Prozesseigenschaften; Prozesskennzahlen; Ergebniskennzahlen) abgeleitet. Der Lösungsweg ist nicht vorgegeben, da er sich aus dem Vorgehen ergibt und weder prognostiziert noch geplant werden kann. Die unbekannte Lösung wird in einer regelmäßigen Auseinandersetzung mit dem eigenen Tun und den gegebenen Rahmenbedingungen allmählich entwickelt und erst am Ende des Prozesses gefunden.

Die Verbesserungs-Kata beruht damit auf den folgenden vier Elementen:

- Verständnis für die Vision und damit die Entwicklungsrichtung
- Erfassen der Ist-Situation
- Festlegung des jeweils nächsten Zielzustands
- schrittweise Annäherung an den nächsten Zielzustand (per PDCA-Zyklus). Hindernisse geben Hinweise auf Handlungsbedarfe

Das selbstständige Streben nach kontinuierlicher Verbesserung erfordert von den Mitarbeitenden eine bewusste und offene Auseinandersetzung mit ihrem Wissensstand. Sie müssen die eigenen Fähig- und Fertigkeiten im Sinne eines lebenslangen Lernens Schritt für Schritt ausbauen und so ihren Horizont erweitern. Dabei haben sie zwei Denksysteme des menschlichen Gehirns zu kombinieren:

- das schnelle unterbewusste System, das über Mustererkennung auf abgespeichertes Wissen zugreift und zu reflexartigen Handlungen führt
- das langsamere bewusste System, das Ereignisse gedanklich systematisch durchdringt und durch Analyse und gezielte Verknüpfung neue Erkenntnisse und Ergebnisse schafft

Hierbei benötigen die Mitarbeitenden Unterstützung in Form des Coaching-Katas.

4.3.2 Coaching-Kata

Coaching-Kata hat das Ziel, (direkte) Führungskräfte dazu zu befähigen, Mitarbeitende bei der Entwicklung eigener systematischer, experimenteller Lösungen auf dem Weg vom aktuellen Ist-Zustand über Zielzustände zum Endzustand zu unterstützen und die Anwendung der Verbesserungs-Kata durch die Mitarbeitenden zur Routine werden zu lassen. Coaching-Kata gibt also keinen konkreten Lösungsweg vor. Eine Führungskraft hat als Coach daher die Aufgabe, bei den Mitarbeitenden Zuversicht, Selbstvertrauen und Eigenmotivation zu steigern, damit die Mitarbeitenden den wachsenden Herausforderungen begegnen und diese bewältigen können. Als Voraussetzung für den Erfolg des Kata-Coachings ist daher eine vertrauensvolle, von wechselseitigem Respekt geprägte Beziehung zwischen Führungskraft und Mitarbeitenden zentral. Coaching-Kata basiert auf vier Fragen. Sie sind der Ansatz, um sich dem angestrebten Zielzustand zu nähern. Mit dieser Abfolge schult der Coach das gedankliche Muster und die (Verhaltens-)Routine der Mitarbeitenden, um in jedem Prozess bzw. in jeder Situation die Verbesserungs-Kata zu verdeutlichen und anzuwenden:

- Was ist der Ist- und was der angestrebte Endzustand?
- Welche Hindernisse gibt es auf dem Weg zum Endzustand?

- Welche Schlüsse können daraus gezogen und welche jeweils nächsten Schritte daraus abgeleitet werden?
- Bis wann sind erste Ergebnisse zu erwarten und was wurde gelernt?

Coaching-Kata wird von vielen Unternehmen, die den Lean-Gedanken und das Prinzip der kontinuierlichen Verbesserung (KVP) verankern wollen, praktiziert, da es auch die Voraussetzungen schaffen kann, bewährte Lean-Management-Methoden (wie z. B. Kanban) nutzbringend einzusetzen, da Mitarbeitende in diesem Fall das Streben nach Verbesserung bereits verinnerlicht haben (Bild 4.2).

4.4 Coach und Lehrer: Lean Sensei (リーン先生)

Ein Lean Sensei (リーン先生) ist im weitesten Sinne ein Pionier und Trainer, der die Kultur einer Organisation in Richtung Lean Management transformiert. Dazu gehören Offenheit und die Bereitschaft, Gewohnheiten und Prozesse zum Besseren zu verändern. Von allen Aspekten von Lean, die für ein Unternehmen, das sie anwendet, wichtig sind, ist nichts so wichtig, wie jemanden in der Nähe zu haben, der versteht, wie man andere in der Methodik unterrichtet. Nennen Sie sie Coach, Lehrer, Mentor oder Sensei; sie sind ein Eckpfeiler, um die Lean-Prinzipien zu verstehen und anzuwenden. Ein Lean Sensei ist ein Experte für alles, was Lean betrifft und nutzt dieses Wissen in vielen verschiedenen Phasen einer Operation. Lean Sensei stehen auch außerhalb einer Organisation, sodass sie objektiv sehen können, was getan werden muss, um Verbesserungen vorzunehmen, ohne den Dunst der Innenpolitik oder mächtiger Persönlichkeiten.

Eine der Aufgaben, die ein Lean Sensei übernehmen wird, besteht darin, sich mit Führungskräften zusammenzusetzen und einen Plan für eine kontinuierliche, strategische Prozessverbesserung auszuarbeiten. Dieser Plan ist immer ehrgeizig. Aber mit dem Wissen eines Lean Sensei machbar. Der Plan behält die wichtigsten Unternehmensziele im Auge und trägt zum kurz- und langfristigen Erfolg bei. Bei Lean geht es darum, Verschwendung zu vermeiden und jeden Aspekt eines Projekts darauf auszurichten, was die Bedürfnisse der Kunden erfüllt. Dies erfordert, den Führungskräften die Ziele von Lean zu erklären und sie dazu zu bringen, den Wert der Implementierung von Prozessverbesserungen zu erkennen.

Ein Lean Sensei bringt sein Lean-Wissen ein und arbeitet mit Einzelpersonen in einer Organisation als Coach zusammen. Bild 4.2 zeigt Dr. Marc Helmold in seiner Funktion als Geschäftsführer von Alstom in China bei der Durchführung eines Lean Management Workshops. Der Workshop fand bei der Firma Victall in Quingdao statt, einer der Marktführer für Interior, Türen und anderen Komponenten der

Bahnindustrie. Der Workshop wurde mithilfe einer Simultandolmetscherin in Englisch und Chinesisch durchgeführt. Zu den Fähigkeiten eines Lean Sensei in diesem Bereich gehören:

- Probleme lösen
- technische Fähigkeiten
- gutes Hörverständnis
- ein praktischer Ansatz
- Führungskompetenz
- Leidenschaft für Prozessverbesserung
- sehr gute Kommunikationsfähigkeiten in Wort und Schrift

Bild 4.2 Lean Management Workshop in China. Das Bild zeigt einen Lean Management Workshop von Dr. Marc Helmold bei einem Hersteller von Automotive und Bahnequipment in China.

> Lassen Sie sich bei der Einführung von Lean Management unterstützen. Mithilfe eines Lean Sensei können Sie viele Probleme von vorneherein vermeiden.

■ 4.5 Hoshin Kanri (方針管理) – Strategie finden

Hoshin Kanri (auch Policy Deployment genannt) ist eine Methode, um sicherzustellen, dass die strategischen Ziele eines Unternehmens den Fortschritt und das Handeln auf allen Ebenen des Unternehmens vorantreiben. Diese Methode eliminiert die Verschwendung, die aus inkonsistenter Richtung und schlechter Kommunikation entsteht. Hoshin Kanri ist bestrebt, jeden Mitarbeitenden gleichzeitig an einem Strang ziehen zu lassen. Dies wird erreicht, indem die Unternehmensziele (Strategie) mit den Plänen des mittleren Managements (Taktik) und der Arbeit aller Mitarbeitenden (Operations) in Einklang gebracht werden. Hoshin Kanri beginnt mit einem strategischen Plan (z. B. einem Jahresplan), der vom Top-Management entwickelt wird, um die langfristigen Ziele des Unternehmens zu fördern. Dieser Plan sollte sorgfältig erstellt werden, um eine kleine Anzahl kritischer Probleme anzugehen. Wichtige Punkte, die bei der Entwicklung des strategischen Plans zu berücksichtigen sind, sind:

- Die Unternehmensführung entwickelt eine starke Vision, welche die Frage „Warum existiert das Unternehmen?" beantwortet.
- Das Managementteam definiert wichtige Ziele oder eine Mission. Wenn sie erreicht sind, schaffen sie einen Wettbewerbsvorteil für das Unternehmen. Dies sind wichtige Ziele, die in der Regel die Mitarbeit aller Mitarbeitenden im Unternehmen erfordern und nicht in einem Monat oder Quartal abgeschlossen sind.
- Das Managementteam gliedert die Ziele gemeinsam mit der Geschäftsführung in Jahresziele.
- Sobald die Jahresziele festgelegt sind, müssen sie auf allen Ebenen der Organisation „eingesetzt" werden. Dieser „Zielsetzungsprozess" beginnt ganz oben und wird an alle Mitarbeitenden weitergegeben.
- Die eigentliche Ausführung beginnt mit dem nächsten Schritt. Dieser Schritt geht Hand in Hand mit den nächsten beiden.
- Die monatlichen Überprüfungen stellen sicher, dass der Plan wie geplant läuft.
- Am Ende des Jahres gibt es eine jährliche Überprüfung, die das erreichte Endergebnis bestätigt.

> Ziele müssen nach dem SMART-Prinzip formuliert werden:
> - Sie müssen spezifisch sein (s = specific).
> - Sie müssen messbar sein (m = measurable).
> - Sie müssen von den Mitarbeitenden akzeptiert werden (a = accepted).
> - Die Ziel- und Grenzwerte müssen so gewählt sein, dass sie realistisch sind (r = realistic).
> - Es muss eine zeitlich schaffbare Vorgabe für die Umsetzung erfolgen (t = timely).

4.6 Gakushyu Kigyiou (学習企業) – Lernendes Unternehmen

Um erfolgreich zu sein, müssen Organisationen schnell lernen und auf Veränderungen reagieren. Sie lernen, konventionelle Weisheiten effektiv infrage zu stellen, die Wissensbasis der Organisation zu verwalten und die gewünschten Veränderungen vorzunehmen. Alle Mitglieder der Organisation beteiligen sich aktiv an der Identifizierung und Lösung arbeitsbezogener Probleme. In einer lernenden Organisation praktizieren Mitarbeitende Wissensmanagement. Sie erwerben, teilen und wenden ständig neues Wissen an, um Entscheidungen zu treffen.

> Organisationen, die neue Konzepte lernen und anwenden, haben einen Vorteil gegenüber ihren Mitbewerbern.

„Alle Organisationen lernen, ob sie es bewusst tun oder nicht – dies ist eine Grundvoraussetzung für ihre nachhaltige Existenz." „Menschen erweitern ständig ihre Fähigkeit, die Ergebnisse zu erzielen, die sie wirklich wünschen, wo neue und teure Muster gefördert werden, wo kollektives Streben freigesetzt wird und wo Menschen kontinuierlich lernen, gemeinsam zu lernen." Die lernende Organisation „erleichtert das Lernen aller ihrer Mitglieder und verändert sich ständig". Peter Senge, Autor von „The Fifth Discipline: The Art & Practice of The Learning Organization", machte Anfang der 1990er-Jahre den Begriff „lernende Organisation" populär. Er definiert lernende Organisationen als „Organisationen, die adaptives und generatives Lernen fördern, ihre Mitarbeitenden ermutigen, über den Tellerrand zu schauen und mit anderen Mitarbeitenden zusammenzuarbeiten, um die beste Antwort auf jedes Problem zu finden" (Senge 2006). Senge setzt sich für dezentrale Führung ein, ein Modell, bei dem alle Menschen in einer Organisation auf ein gemeinsames Ziel hinarbeiten können. Seine fünf Disziplinen einer lernenden Organisation skizzieren, wie das passieren kann:

1. Persönliche Meisterschaft und Stärke: In einem Interview bezeichnete Senge die „Personal Mastery" als „Eckpfeiler" einer lernenden Organisation. Persönliche Meisterschaft ist die Entwicklung der Fähigkeit, persönliche Ziele zu erreichen; Lernende Organisationen machen dies möglich, indem sie ein Umfeld schaffen, in dem Mitarbeitende durch Reflexion ihre eigene Vision entwickeln können, wie sie die Welt sehen, was ihnen wichtig ist und wozu sie mit Leidenschaft beitragen.
2. Gemeinsame Mission und Vision: Eine gemeinsame Vision ist nur in einem Umfeld des Vertrauens und der Zusammenarbeit möglich. Die Unternehmensführung arbeitet mit den Mitarbeitenden an einer gemeinsamen Vision –

Schaffung eines Umfelds, in dem sich Mitarbeitende gehört fühlen und ermutigt werden, Risiken einzugehen.

3. Mentale Modelle: Unter einem mentalen Modell verstehen wir, wie unsere tief verwurzelten Annahmen und Verallgemeinerungen unsere Interaktionen und Entscheidungen beeinflussen. Um Senge zu paraphrasieren: Den Unterschied zwischen dem Hören dessen, was jemand gesagt hat, und dem wirklichen Verstehen dessen, was er gesagt hat, und dem Verstehen der Kluft zwischen dem, was tatsächlich passiert ist und dem, was wir wahrgenommen haben, zu verstehen, erfordert Nachdenken. „In einer unreflektierten Umgebung halten wir das, was wir sehen, als Wahrheit", sagte Senge.

4. Teamlernen: Senge sagt, dass Teamlernen nur stattfinden kann, wenn die Teammitglieder bescheiden sind, wenn sie bereit sind, die Ansichten anderer zu reflektieren und zu berücksichtigen, persönliche Vorurteile zu beseitigen und als Ganzes zusammenarbeiten wollen.

5. Systemdenken: Systemdenken ist die Idee, dass wir Teil eines zusammenhängenden Systems sind – nicht einer unzusammenhängenden Reihe persönlicher Silos; Systemdenken befasst sich mit dem Ganzen und schafft ein Verständnis dafür, wie Teile miteinander verbunden sind. Senge sagte: „Systemdenken ist eine Sensibilität – für die subtile Vernetzung, die lebenden Systemen ihren einzigartigen Charakter verleiht."

In Lean-Management-Organisationen gibt es eine sechste Dimension, die zu den fünf Dimensionen hinzugekommen ist. Dies ist die kontinuierliche Verbesserung, die für Unternehmen ein wichtiger Erfolgsfaktor ist.

6. Kontinuierliche Verbesserung: Die Organisation muss eine Kultur und ein System des kontinuierlichen Lernens in allen primären und sekundären Funktionen implementieren.

Bild 4.3 zeigt die Elemente einer lernenden Organisation.

Bild 4.3
Das lernende Unternehmen

■ 4.7 In Kultur verankern

Lean Management und schlanke Prozesse wirken sich positiv auf die Leistung des Unternehmens in Bezug auf Profitabilität, Qualität, Kosten, Logistik und anderen Zielen aus. Es ist jedoch notwendig, organisatorische Infrastrukturen und eine Kultur im Unternehmen zu verankern, die für eine effektive und nachhaltige Implementierung des Lean Managements erforderlich sind (Fatma 2015).

Ein bestehendes Unternehmen hat eine eigene Kultur, eigene Prozesse, eine eigene Geschichte. Wird Lean Management in so einem Unternehmen implementiert, verläuft dies nicht immer reibungslos. Beispielsweise verändern sich die Rollen der Führungskräfte und der Mitarbeitenden. Die Werte und Normen, die schlanken Prozessen zugrunde liegen, können zu Konflikten mit der bereits in der Organisation bestehenden Kultur führen. Entstehen solche Konflikte, kann dies zu Widerständen führen und die Leistung senken (Helmold & Samara 2019).

Die Umsetzung einer Strategie in Richtung Lean Management oder wichtiger Veränderungsprogramme scheitert häufig an der ungenügenden Beachtung der Unternehmenskultur. Gezielte Veränderungen der Unternehmenskultur sind ein kompliziertes Vorhaben. Denn gerade der Umgang mit Traditionen, Denk- und Handlungsweisen erfordert Fingerspitzengefühl. Die meist über viele Jahre gewachsene Unternehmenskultur findet sich nicht offensichtlich in Unternehmensbroschüren, Mission-Statements, Handbüchern. Sie findet ihren Ausdruck vielmehr in der Art, wie bestimmte Dinge angegangen werden sowie in den internen Umgangsformen und Sichtweisen.

Das „Cultural Web", das 1992 von Gerry Johnson und Kevan Scholes entwickelt wurde, bietet einen Ansatz, um die Kultur Ihres Unternehmens zu betrachten und zu verändern (Johnson & Scholes 1997). Unternehmen können kulturelle Handlungsempfehlungen identifizieren und organisatorische und kulturelle Elemente mit der Unternehmensstrategie in Einklang bringen. Das kulturelle Netz fasst die grundlegenden Annahmen und Paradigmen, die eine Unternehmenskultur bestimmen, sowie die physischen Auswirkungen der Kultur zusammen (Bild 4.4). Die einzelnen Elemente unterscheiden sich zwar, sind aber miteinander verbunden.

Mit Hilfe des kulturellen Web können kulturell bedingte Blockaden und Triebkräfte im Unternehmen identifiziert werden, die einer Transformation zum schlanken Unternehmen im Wege stehen. Es zeigt sowohl, welche internen Hindernisse zu berücksichtigen sind, als auch, welche Faktoren sich förderlich auswirken und daher entsprechend eingebunden werden sollten.

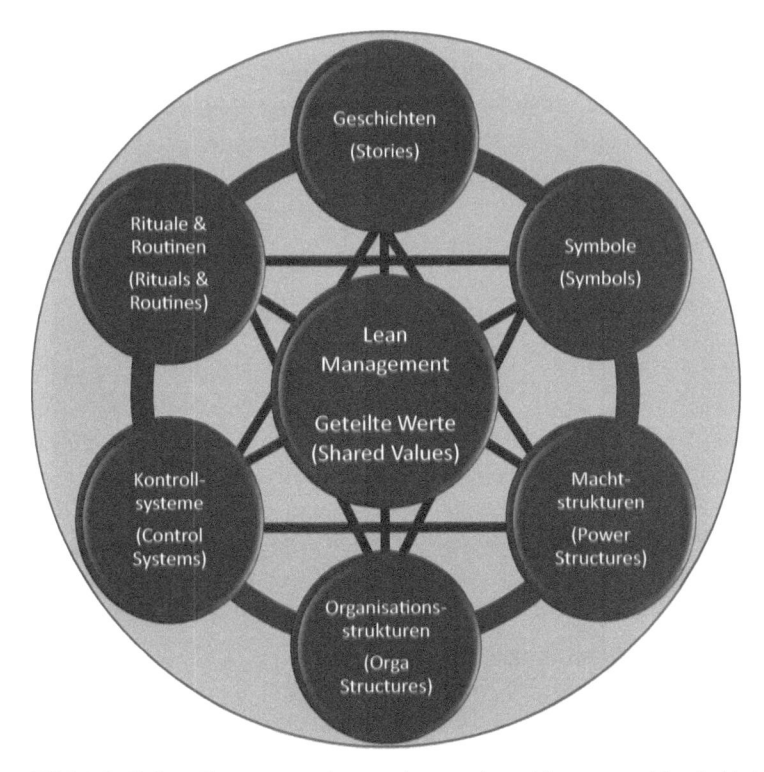

Bild 4.4 Sieben Elemente zur Integration von Lean Management in die Unternehmenskultur

Eine weitere Anwendung ist die Ermittlung notwendiger Veränderungen in der herrschenden Unternehmenskultur. Dazu wird die aktuell bestehende Ausprägung des kulturellen Web mit dem Idealzustand verglichen, den die Unternehmenskultur für das Erreichen bestimmter strategischer Zielsetzungen aufweisen muss. Die Abweichungen geben Aufschluss über Gebiete, auf denen mit mehr oder weniger hoher Priorität Veränderungen herbeigeführt werden müssen.

Johnson und Scholes empfehlen, jeden Aspekt einzeln zu untersuchen und zu analysieren.

Der innere Kreis von Bild 4.4 beschreibt die gemeinsamen Unternehmenswerte (engl.: Shared values), die zu einer Transformation zum Lean Management benötigt werden. Die äußeren Kreise stellen die einzelnen Annahmen dar, die die kulturellen Paradigmen des Unternehmens prägen. Die Paradigmen bilden die Grundannahmen der Menschen über das Unternehmen (z. B. Orientierung an Gesichtspunkten wie Service, Nutzen für die Allgemeinheit, Gewinn und Profitabilität, soziale Aspekte, Umweltschutz, Wertschätzung des vorhandenen Know-how etc.). Routinen beschreiben „wie wir die Dinge hier tun". Sie bestimmen, wie die Menschen sich gegenüber anderen Personen innerhalb und außerhalb des Unternehmens verhalten (kooperativ, partnerschaftlich, hierarchisch, bürokratisch etc.). Solche Routinen können eine wichtige Voraussetzung für das effektive Funktionieren von Unternehmensprozessen sein. Werden jedoch bestimmte Handlungsweisen als selbstverständlich vorausgesetzt, können diese zu Problemen bei Veränderungsvorhaben führen.

Stories

Stories beinhaltet Geschichten, Gerüchte und Erzählungen, die es über das Unternehmen gibt. In jedem Unternehmen gibt es Geschichten, die bei passender Gelegenheit, z. B. bei Eintritt eines neuen Mitarbeitenden, erzählt werden. Diese Geschichten reflektieren die Geschichte des Unternehmens, oft wichtige Ereignisse oder besondere Persönlichkeiten. Sie geben auch Hinweise auf die Kultur im Umgang miteinander und bilden dadurch eine Art informelle Legitimation für bestimmte unternehmenstypische Verhaltensweisen. Sie werden, bewusst oder unbewusst, als Mittel benutzt, anderen zu beschreiben, was im Unternehmen wichtig ist.

> **Zentrale Fragen der Kategorie Stories**
> - Welche Werte spiegeln sich in den Geschichten wider?
> - Beziehen sich die Geschichten auf:
>   - Stärken oder Schwächen?
>   - Erfolge oder Misserfolge?
>   - Konformität oder Abweichungen?
>   - Wer sind die Helden und Verlierer?
>   - Von welchen Normen weichen die Ausbrecher ab?

Symbols

Zu den Symbolen (Symbols) gehören beispielsweise Firmenlogos, Büros, Firmenwagen, Titel oder den firmeninternen Sprachgebrauch einschließlich der typischen Terminologie. In stark hierarchisch aufgebauten Unternehmen dienen Symbole zur Abgrenzung der einzelnen Ebenen. Hier wird häufig der Titel betont, die Bürogröße und -ausstattung sind von der Position abhängig, je weiter oben im Organigramm desto mehr Privilegien. Sind in einem Unternehmen viele solcher Symbole anzutreffen, dürfte es nicht einfach sein, eine Veränderung herbeizuführen, die auf flachere Organisationsstrukturen und mehr Eigenverantwortung des Einzelnen abzielt. Wird Lean Management ernsthaft umgesetzt, müssen Statussymbole eliminiert werden. Es muss im Alltag klar dargestellt werden, dass die Mitarbeitenden die wichtigste Ressource für das Unternehmen darstellen.

> **Zentrale Fragen der Kategorie Symbols**
> - Welche Sprache und Begriffe werden verwendet?
> - Wie zugänglich sind diese sprachlichen Codes für Außenstehende?
> - Welche Aspekte der Strategie werden öffentlich hervorgehoben?
> - Welche Statussymbole (offizielle und informelle) gibt es?
> - Gibt es besondere unternehmenstypische Symbole?

Power Structures

Die einflussreichsten Personen und Gruppen innerhalb des Managements stehen häufig in engem Zusammenhang mit Annahmen über die Wurzeln des Unternehmenserfolges. Die großen Unternehmensberatungsgesellschaften sind dafür ein Beispiel. Ihre Ursprünge liegen häufig in der Wirtschaftsprüfung und so findet sich heute noch im Top-Management und unter den Partnern ein überproportional hoher Anteil an (zumeist männlichen) Wirtschaftsprüfern. Solche internen Machtstrukturen geben ebenfalls Aufschlüsse über das Selbstverständnis eines Unternehmens.

> **Zentrale Fragen der Kategorie Power Structures**
> - Welche Werte bestehen im Zusammenhang mit Führung und Leitung?
> - Wie stark sind diese Werte?
> - Wie ist die Macht innerhalb des Unternehmens verteilt?
> - Welches sind die wichtigsten Blockaden für Veränderungen?

Organisational Structures

Die Organisationsstrukturen beziehen sich auf die hierarchische Zusammensetzung der Organisation und den formalen Beziehungen zwischen Personen aus den verschiedenen Ebenen der Organisation. Informelle und damit ungeschriebene Machtstrukturen spiegeln sich auch in den Organisationsstrukturen wider und bilden tragende Beziehungen sowie die Wurzeln des Unternehmenserfolgs ab. Aus dem Grad der Machtstrukturen, der Komplexität, Formalität, Hierarchie und Zentralisierung der Unternehmensstrukturen kann abgeleitet, auf welche Widerstände Veränderungsvorhaben stoßen dürften.

> **Zentrale Fragen der Kategorie Organisational Structures**
> - Wie flach oder hierarchisch sind die Strukturen?
> - Wie formell oder informell sind die Strukturen?
> - Fördern die Strukturen Zusammenarbeit oder internes Konkurrenzdenken?
> - Welche Machtstrukturen werden durch die bestehenden Strukturen unterstützt?

Control Systems

In Bezug auf eine schlanke Unternehmenskultur sind insbesondere Messgrößen und Entlohnungs- bzw. Bonussysteme als Kontrollsystem von Bedeutung. Sie geben Hinweise darauf, was im Unternehmen als wichtig angesehen wird (z. B. individuelle Leistungsprämien vs. Teamboni, Orientierung von Prämien an Mengen vs. Qualitätsniveau vs. Kundenzufriedenheit etc.). Öffentliche Unternehmen stehen beispielsweise in dem Ruf, sich stärker auf die Verwendung der zur Verfügung stehenden Mittel zu konzentrieren, als auf die Qualität und Bedarfsgerechtigkeit ihrer Leistungen.

> **Zentrale Fragen der Kategorie Control Systems**
> - Was wird am genauesten überwacht und kontrolliert?
> - Liegt der Schwerpunkt auf Belohnung oder Strafe?
> - Ergeben sich die Kontrollsysteme historisch oder aus der aktuellen Strategie?
> - Wie viel Kontrolle und Überwachung gibt es?
> - Welche Autonomie-Ebenen gibt es für Mitarbeitende?

Rituals & Routines

Rituale und Routinen betreffen relativ formelle Prozesse (z. B. Trainingsprogramme, Promotionsprozesse, Betriebsausflüge, fest terminierte Teamkonferenzen) ebenso wie informelle Gewohnheiten (z. B. der gemeinsame Kneipenbesuch nach Feierabend, die Plauderrunde in der Kaffeeküche). Rituale und Routinen bieten die Menschen in Unternehmen Orientierungspunkte, nach denen sie ihr Verhalten ausrichten und an die allgemein akzeptieren Normen anpassen können.

Zentrale Fragen der Kategorie Rituals & Routines

- Welche Routinen werden besonders betont?
- Welche Verhaltensweisen werden durch diese Routinen gefördert?
- Was sind die wichtigsten Rituale und welche Werte repräsentieren sie?
- Welche Werte und Verhaltensweisen fördern die internen Trainingsprogramme?
- Wie schwer ist es, Routinen und Rituale zu ändern?

Umsetzung von Lean Management bei Porsche

Die Einführung des Lean-Management-Produktionssystems (Just-in-Time-Produktionssystem, JIT) führte bei Porsche zu radikalen Verbesserungen in Bezug auf Fehler und Mängel pro Fahrzeug (Qualität), Serienfertigungszeit (Kosten und Produktivität) und Lagerbestand (Logistik und Lieferung). Die Defekte pro Auto wurden um 63 % reduziert, die Durchlaufzeit um mehr als 5 bis 3 % verbessert. Dies führte zu einer positiven Bestandslage von 50 %.

Beim JIT-Ansatz muss das das richtige Teil in der richtigen Menge in der richtigen Qualität zur richtigen Zeit am richtigen Ort ankommen. Dieses Prinzip basiert auf Null-Fehler und Konzentration auf wertschöpfende Aktivitäten. Dies muss mit der richtigen Menge am richtigen Ort durch die richtigen Menschen zum richtigen Preis übereinstimmen (Helmold & Samara 2019).

Porsche wurde auch durch veraltete Produktionsmethoden behindert. Zum Beispiel wurden etwa 20 % der Teile drei oder mehr Tage zu spät geliefert. Nach der schlanken Verbesserung der eigenen Produktionsanlagen erweiterte Porsche das Lean-Konzept auf Lieferanten und richtete 2006 die Abteilung für Lieferantenentwicklung ein (der Name der Abteilung lautet FEL, Finanzen-Einkauf-Lieferantenmanagement). Diese Abteilung ist verantwortlich für die Ausweitung der Lean-Prinzipien auf die Lieferanten-Netzwerke und die Synchronisierung derer Produktionssysteme. Lean-Prinzipien bei Porsche beinhalten:

- Lean-Prinzipien in der gesamten Lieferkette anzuwenden
- Lieferanten zu integrieren
- Kundenorientiert sein
- Eine flache und transparente Hierarchie zu haben
- Kompetenzen für Kernfunktionen zu etablieren
- Anwendung von Lean-Prinzipien auf die Werkstatt und Produktion (Gemba)
- Sich nur auf wesentliche Erfolgsfaktoren konzentrieren, um Verschwendung zu reduzieren
- Sich kontinuierlich zu verbessern
- Ein Ziehsystem mit agilen Abläufen anzuwenden
- Sich in einer lernenden Organisation zu befinden

Das Bild zeigt die Porsche-Serienbaugruppe des Taycan in einem einteiligen Durchfluss. Porsche setzt die Prinzipien des Lean Managements und des Just-in-Time-Produktionssystems ideal um. Als Beispiel für hohe Effizienz nennt der Porsche-Manager die neue Taycan-Produktion und -Montage, die als „Fabrik in der Fabrik" am Stammsitz in Zuffenhausen entsteht. Mit ihr verabschiedet sich der Hersteller vom traditionellen Fließbandprinzip. Mit der sogenannten Flexi-Linie setzt Porsche als erster Fahrzeughersteller fahrerlose Transportsysteme in der Serienproduktion im kontinuierlichen Fluss ein.

Schlanke Fertigung des Taycan bei Porsche

Literatur

Dorow, W.; Groenewald, H.: (2003) *Personalwirtschaftlicher Wandel in Japan. Gesellschaftlicher Wertewandel und Folgen für die Unternehmungskultur und Mitarbeiterführung*. Springer, Natura Cham.

Follmann, J.; Laack, S.; Schütt, H. et al.: (2013) *Lean Transformation at Mercedes-Benz*. Retrieved 24.11.2019. *https://www.researchgate.net/publication/272484962_Lean_Transformation_at_Mercedes-Benz_Identifying_the_Transformational_Opportunities_for_the_Retail_Value_Chain*.

Haak, U.M.; Haak, R.: (2005) *Managerwissen kompakt: Japan*. Hanser Verlag, München.

Helmold, M.: (2021) *Kaizen, Lean Management und Digitalisierung. Mit den japanischen Konzepten Wettbewerbsvorteile für das Unternehmen erzielen*. Springer, Wiesbaden.

Helmold, M.; Dathe, T.; Büsch, M.: (2017) Praxisbericht aus der Bahnindustrie – Alstom Transportation. Veränderte Anforderungen durch Global Sourcing, in: *Beschaffung aktuell*. 4.5.2017. Abgerufen am 17.5.2018. *https://beschaffung-aktuell.industrie.de/einkauf/veraenderte-anforderungen-durch-global-sourcing/*.

Helmold, M.; Dathe, T.; Hummel, F.: (2019) *Erfolgreiche Verhandlungen. Best-in-Class Empfehlungen für den Verhandlungsdurchbruch*. Springer Gabler, Wiesbaden.

Helmold, M.; Samara, W.: (2019) *Progress in Performance Management. Industry Insights and Case Studies on Principles, Application Tools, and Practice*. Springer, Heidelberg.

Helmold, M.; Terry, B.: (2021) *Operations and Supply Management 4.0. Industry Insights, Case Studies and Best Practices.* Springer, Cham.

Helmold, M.: (2022) *Leadership. Agile, virtuelle und globale Führungskonzepte in Zeiten von neuen Megatrends.* Springer, Wiesbaden.

Helmold, M. et al.: (2022) *Lean Management, Kaizen, Kata and Keiretsu. Best-Practice Examples and Industry Insights from Japanese Concepts.* Springer, Heidelberg.

Kaizen Institut: (2019) *https://de.kaizen.com/.*

Kieviet, A.: (2019) *Lean Digital Transformation. Geschäftsmodelle transformieren, Kundenmehrwerte steigern und Effizienz erhöhen.* Springer, Wiesbaden.

Klasen, J.: (2019) *Praxisorientierter Leitfaden zur erfolgreichen Neuausrichtung von Unternehmen und Geschäftsfeldern.* Springer, Wiesbaden.

Liker, J. K.: (2004) *The Toyota Way.* McGraw-Hill, Madison.

PM: (2018) *Begriffe.* Abgerufen am 7.7.2018. *http://www.pm-handbuch.com/begriffe/.*

Rothlauf, J.: (2006) *Interkulturelles Management.* 2. Auflage. Oldenbourg, München.

Schneidewind, D.: (1991) *Das japanische Unternehmen. uchi no kaisha.* Springer, Heidelberg.

Womack, J. P.; Jones, D. T.; Ross, D.: (1990) *The Machine That Changed the World: The Story of Lean Production.* National Bestseller.

5 Keiretsu (系列) und Zaibatsu (財閥) – Wertschöpfungsnetzwerke in Japan

Netzwerke im Lean Management sind lose oder feste interdisziplinäre Verbindungen entlang der Wertschöpfungskette (vom Zulieferer zum Endkunden), deren Struktur ständig optimiert wird. Das Ziel dieser (Keiretsu-)Netzwerke ist die stetige Optimierung von Prozessen, Abläufen oder Lieferketten mit dem Fokus auf Optimierungen in den Bereichen Qualität, Kosten und Logistik. Ein Keiretsu-Netzwerk (系列 ネットワーク) bzw. -System oder -Konzept integriert andere Unternehmen auf der gleichen, vorgelagerten oder nachgelagerten Wertschöpfungsebene durch Teilhaberschaft und enge Partnerschaften (Ahmadin & Lincoln 2001).

Keiretsu-Netzwerke haben im europäischen Automobil- und Transportsektor durch den Erfolg japanischer Unternehmen wie Toyota, Mitsubishi oder Hitachi und anderer Konzerne bei der Erzielung eines verbesserten Kundenservice, einer besseren Bestandskontrolle und eines effizienteren Gesamtkanalmanagements viel Aufmerksamkeit erhalten (Freitag 2007). Keiretsu, eine Form des japanischen Geschäftsnetzwerks, teilt viele der Ziele mehrerer Geschäftsfunktionen. Das Konzept eines Keiretsu-Netzwerks wurde Mitte der 1980er-Jahre von Toyota eingeführt (Imai 1986) und auf Tochtergesellschaften und Zulieferer außerhalb Japans übertragen (Kalkowsky 2004).

Bild 5.1 zeigt das Beispiel einer Keiretsu-Netzwerkstruktur mit den Kerngeschäftsfunktionen und Unternehmen von Bank-, Versicherungs- und Finanzunternehmen. Um dieses Kerngeschäft ranken sich Branchen wie Automotive, Food oder Maschinen- und Elektroanwendungen. Darüber hinaus können Keiretsu-Netzwerke unterstützende Geschäfte wie Lagerhaltung, Transport oder Komponentenversorgung umfassen.

Keiretsu-Netze werden in horizontale (gleiche Schicht) und vertikale Keiretsu-Netze (unterschiedliche Schichten) unterschieden. Keiretsu-Netzwerke beinhalten oft eine Teilhaberschaft an strategischen oder wichtigen Lieferanten. Kontrollbeziehungen zwischen Firmenpaaren stellen eine Form des bilateralen Austauschs dar. Die Keiretsu-Schule kann für die Unternehmen, die das System nutzen, zu weitreichenden funktionalen und kulturellen Veränderungen führen (Freitag 2007).

5 Keiretsu (系列) und Zaibatsu (財閥) – Wertschöpfungsnetzwerke in Japan

Keiretsu-Netzwerke mit finanziellen und kommerziellen Verbindungen entwickeln durch Cross-Share-Holding quasi-administrative Bindungen, da Keiretsu-Netzwerke zwei Seiten haben:

- horizontale Beziehungen, die auf gegenseitiger Unterstützung basieren, und
- vertikale Strukturen, die auf asymmetrischem Austausch und Kontrolle zwischen Finanz- Firmen und Industriebetriebe basieren.

In verschiedenen Artikeln und Büchern erklärt Liker den Toyota-Weg und die Prinzipien von Keiretsu-Liefernetzwerken (Liker 2004). Viele OEMs und deren Zulieferer haben dieses System mittlerweile übernommen (Liker & Choi 2005).

> **Zentrale Aspekte von Keiretsu**
> - Keiretsu bezieht sich auf die japanische Geschäftsstruktur, die aus einem Netzwerk verschiedener Unternehmen besteht, darunter Banken, Hersteller, Händler und Lieferkettenpartner.
> - Ein horizontales Keiretsu bezieht sich auf eine Allianz von beteiligungsübergreifenden Unternehmen unter der Führung einer japanischen Bank, die eine Reihe von Finanzdienstleistungen anbietet.
> - Ein vertikales Keiretsu ist eine Partnerschaft von Herstellern, Lieferanten und Händlern, die zusammenarbeiten, um die Effizienz zu steigern und Kosten zu senken.
> - Ein Nachteil des Keiretsu-Systems ist der leichte Zugang zu Kapital, der dazu führen kann, dass ein Unternehmen zu viele Schulden aufnimmt und in riskante Strategien investiert.

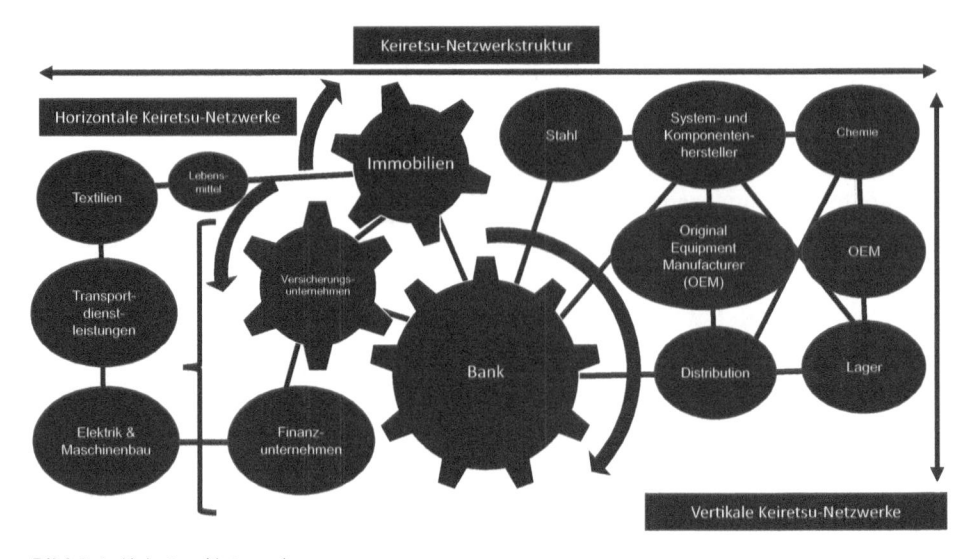

Bild 5.1 Keiretsu-Netzwerke

Vor dem Keiretsu-System war die wichtigste Form der Unternehmensführung in Japan das Zaibatsu, das sich auf kleine Familienunternehmen bezog, die sich schließlich zu großen monopolistischen Holdinggesellschaften entwickelten.

Die einzelnen Zaibatsu hatten ein Monopol in ein oder zwei Branchen, aber bald wurde die gesamte japanische Wirtschaft unter ihnen aufgeteilt. Am Ende des Ersten Weltkriegs hatte jeder Zaibatsu in jedem Sektor mindestens ein großes Produktionsunternehmen gegründet und eine Bank, eine Versicherungsgesellschaft, eine Reederei und eine Handelsgesellschaft kontrolliert. 1930 wurden etwa 75 % des japanischen Bruttoinlandsprodukts direkt oder indirekt vom größten Zaibatsu kontrolliert (Kensy 2001: 210).

5.1 Ursprünge von Keiretsu-Netzwerken

Nach dem Zusammenbruch Japans im Zweiten Weltkrieg beschlossen die amerikanischen Besatzungstruppen, die Zaibatsu als Quelle der japanischen Militärmacht aufzulösen. Sie wollten die wirtschaftliche Basis des japanischen Militärs zerstören und monopolistische Marktkonzentrationen verhindern. Als Ergebnis war geplant, Aktien an die Öffentlichkeit zu verkaufen und die Zaibatsu in unzählige kleinere Unternehmen aufzulösen (Baum 1994). 1947 trat das Antimonopolgesetz in Kraft. Das neue Gesetz machte Holdinggesellschaften illegal (Miyashita & Russel 1994: 33).

1948 begann sich die weltpolitische Lage zu ändern. In Europa begann der Kalte Krieg und der Kommunismus breitete sich in Europa und Asien aus. 1948 begannen die Vereinigten Staaten, Japan als strategischen Puffer zwischen den Vereinigten Staaten und den kommunistischen Ländern zu betrachten. Die Vereinigten Staaten brauchten eher ein starkes Japan mit einer starken Wirtschaft als ein schwaches Japan (Miyashita & Russel 1994: 34).

Der Prozess der Auflösung des Zaibatsu wurde gestoppt. Viele von ihnen wurden neu gegründet. Die ursprünglich verbotene Praxis, die alten Zaibatsu-Namen im Namen neuer Unternehmen zu verwenden, wurde nun akzeptiert (Morikawa 2002: 238). Diesmal durften um die Banken gruppierte Unternehmen Anteile an anderen Unternehmen halten, was den Aufbau finanzieller Verbindungen erleichterte. Sie erreichten schnell die wirtschaftliche Gleichheit mit dem klassischen Zaibatsu. Diese Konglomerate wurden jetzt Keiretsu genannt. Einige gingen aus dem ehemaligen Zaibatsu hervor, andere waren nur neue Unternehmensgruppierungen (Baum 1994). Den neuen Keiretsu-Unternehmen fehlten Muttergesellschaften, die als Holding-Gesellschaften fungierten. Der Einfluss der Familie, der in einem Zaibatsu üblich war, verschwand und die Mitgliedsunternehmen waren unabhängig (Katsuki & Lennerfors 2013).

5.2 Zaibatsu

Ein Zaibatsu (財閥, wörtlich: Holdinggesellschaft im Familienbesitz) ist ein japanisches, auch im Ausland agierendes Firmenkonglomerat, eine besondere Art von Familienunternehmen. Die ersten Zaibatsu entstanden nach der Meiji-Restauration (1868) und läuteten die Industrialisierung im japanischen Kaiserreich ein. Die erste Zaibatsu wurde von der Familie Mitsui gegründet, die seit der zweiten Hälfte des 17. Jahrhunderts (Edo-Zeit) mit ihren Kurzwarenläden und Geldgeschäften in Edo, Kyoto und Osaka Vermögen anhäufte. Die Zaibatsu bestehen heute in ihrer ursprünglichen Form nicht mehr. Sie und etwa 15 weitere wurden nach dem Zweiten Weltkrieg von der amerikanischen Besatzungsmacht, vertreten durch den Supreme Commander for the Allied Powers, als Zaibatsu klassifiziert und 1946/1947 aufgelöst bzw. entflochten und in dezentral organisierte Unternehmensgruppen umgewandelt. Aus ihnen entstanden die noch heute bestehenden Keiretsu-Netzwerke.

Zaibatsu der Vergangenheit
- Mitsubishi
- Mitsui
- Sumitomo
- Yasuda

Zaibatsu der Gegenwart werden als shinko zaibatsu bezeichnet. Sie sind nicht mehr rein auf der Basis einer Familie entstanden und die Aktionäre sind durchaus (familien-)fremde Personen. Ein weiterer Unterschied sind die nicht mehr in der Firmengruppe vorhandenen eigenen Familienbanken, die Durchführung von Finanzgeschäften wird jetzt von Banken außerhalb eines solchen Unternehmens vollzogen.

Heutige Zaibatsu
- Mori-Konzern
- Nissan-Konzern
- Nichitsu-Konzern (heute: Chisso)
- Nisso-Konzern
- Riken-Konzern

Unternehmensgruppen namens Keiretsu wurden in Japan nach dem Zweiten Weltkrieg von Toyota und anderen großen Unternehmen gegründet. Einige Autoren weisen darauf hin, dass die Wurzeln der genannten Gruppen in der Meiji-Zeit liegen. Nachdem Japan mit der zweihundertjährigen Isolationspolitik gebrochen hatte, schuf die junge Meji-Regierung die erste Infrastruktur für die zukünftige

Industrialisierung. Darüber hinaus war sie aktiv am Auf- und Ausbau von Unternehmen beteiligt. Das Ergebnis dieser Politik war die Schaffung eines Zaibatsu (Kensy 2001). Die Zaibatsu waren familiengeführte Unternehmensgruppen. Morikawa (2002) definiert Zaibatsu „als eine Gruppe diversifizierter Unternehmen, die sich ausschließlich im Besitz einer einzelnen Familie oder einer Großfamilie befinden".

Zaibatsu-Unternehmen begannen sich sehr schnell zu entwickeln, weil sie viele Subventionen und Aufträge von der Meiji-Regierung erhielten. Das erste Zaibatsu, das geschaffen wurde, war Mitsui, das 1876 gegründet wurde. Die nächsten drei etablierten Zaibatsu waren: Mitsubishi, Sumitomo und Yasuda. Mitsubishi konzentrierte sich auf den Schiffbau und die Schwerindustrie und war ein wichtiger Akteur in den Bereichen Bergbau, Schifffahrt, Handel, Brauerei, Versicherung und Bankwesen. Die Aktivitäten von Sumitomo konzentrierten sich auf Banken, aber auch auf Bergbau und Metalle. Yasuda spezialisierte sich auf Finanzen; Kontrolle über eine bedeutende Bank, eine große Treuhandbank und zwei große Versicherungsunternehmen. Diese vier Zaibatsu wurden die Big Four genannt. Sie bauten ihr Finanzgeschäft aus und gründeten auch Versicherungsgesellschaften und Treuhandbanken (Miyashita & Russel 1994).

5.3 Horizontale Keiretsu-Netzwerke

Ein horizontales Keiretsu ist eine Gruppe von sehr großen Unternehmen, die unabhängig und in verschiedenen Branchen tätig sind. Ein Beispiel ist die Mitsubishi-Unternehmensgruppe. Wie erwähnt, gibt es viele unabhängige Unternehmen im horizontalen Keiretsu. Es gibt keine Holdinggesellschaft, welche die Aktivitäten der Gruppe lenkt. Auf der anderen Seite steht eine Bank, die zusammen mit einer Handelsgesellschaft als Dreh- und Angelpunkt der Gruppe fungiert (Yoshihara 1994). Um sie herum sitzen die Kernmitglieder, meist drei Firmen: Eine Lebensversicherung, eine Sachversicherung, eine Treuhandbank und ein oder zwei sehr große Hersteller. Zusammen geben die Finanzfirmen, das Handelsunternehmen und die Schlüsselhersteller dem Keiretsu seine Identität (Miyashita & Russel 1994).

Das wichtige Merkmal von vertikalem Keiretsu ist, dass die Unternehmen derselben Gruppe zusammen Geschäfte machen. Für Außenstehende ist es schwierig einzudringen, insbesondere, wenn sie mit Unternehmen der Gruppe konkurrieren. Die Unternehmen der Gruppe sind unabhängig, agieren aber in der Regel als ein „Organ". Innerhalb des horizontalen Keiretsu spielt die Bank die Schlüsselrolle. Gerlach (1992) stellt fest, dass in der Vorkriegszeit die zentrale Rolle bei der Kapitalallokation unter einem Zaibatsu der Holding zukam. In der Nachkriegszeit wurde diese Rolle mit der Auflösung der Holdinggesellschaften von großen Stadtbanken als wichtige Kapitalgeber übernommen. Yoshihara (1994) erklärt, dass „die Bank nicht das gesamte Geld verleiht, das das Unternehmen benötigt, sondern den größten Betrag bereitstellt und als eine Art Bürge für die anderen Banken fungiert, die dem Unternehmen Geld verleihen". So haben japanische Großunternehmen einen guten Zugang zu Finanzquellen. Zwischen den Unternehmen der Gruppe und der Bank besteht eine enge Beziehung. Die Gruppe hat normalerweise eine Bank, die der größte Kreditgeber ist, aber auch wichtige Aktionäre anderer Unternehmen der Gruppe hat. Somit sind Schuldner oft gleichzeitig Aktionäre.

Dieses Netzwerk gegenseitiger Beteiligung ist charakteristisch für das Keiretsu und wird oft als „Cross-Shareholding" bezeichnet (Hoshi 1994). Es kam sehr oft vor, dass eine Gruppe verbundener Unternehmen Aktien ausgegeben und an Mitgliedsfirmen abgetreten hat, um Firmen vor einer Übernahme durch ausländische Wettbewerber zu schützen.

Das zweite wichtige Element im horizontalen Keiretsu ist die Handelsgesellschaft. Es spielt in einem horizontalen Keiretsu die entscheidende Rolle, den Handel zu koordinieren, nicht nur innerhalb der Gruppe, sondern auch zwischen verschiedenen Gruppen und sogar mit ausländischen Unternehmen (Miyashita & Russel 1994).

■ 5.4 Vertikale Keiretsu-Netzwerke

Ein vertikales Keiretsu wird von einem sehr großen Unternehmen (Assembler) und Hunderten oder Tausenden von kleinen Unternehmen (Lieferanten) gebildet. Das vertikale Keiretsu kam normalerweise in der Automobilindustrie in Japan vor. Ein Beispiel ist ein Unternehmen wie Toyota. Das vertikale Keiretsu ist auch in der Elektronik weit verbreitet, obwohl viele andere Bereiche ihr eigenes vertikales Keiretsu haben, darunter Werbung, Verlagswesen, Rundfunk und andere nicht produzierende Unternehmen (Miyashita & Russel 1994).

Es ist wichtig, dass die Form des vertikalen Keiretsu eine Pyramide ist. Im Fall eines Automobilherstellers sind mehrere Ebenen von Zulieferern involviert: Die erste Ebene der Unternehmen beliefert den Automonteur, die zweite Ebene arbeitet für die erste Ebene, die dritte Ebene für die zweite und der Prozess wird nach unten fortgesetzt. Mit anderen Worten, ganz oben in der Pyramide steht das wichtigste Unternehmen (Assembler) und ganz unten Hunderte oder Tausende von Unternehmen (Zulieferer). Es ist üblich, dass die kleinsten Unternehmen am unteren Ende der Pyramide nicht einmal wissen, dass sie für den weltberühmten Assembler arbeiten. Andererseits hat die Muttergesellschaft keine Ahnung, wie weit ihre

Pyramide nach unten reicht. Sie kann nur zwei oder drei Pyramidenebenen nach unten sehen. Yoshihara (1994) stellt fest, dass im Gegensatz zum horizontalen Keiretsu die Machtverhältnisse im vertikalen Keiretsu ungleich sind. Der Monteur hat viel mehr Macht als seine Lieferanten. Der Assembler hat die Möglichkeit, Beziehungen zu beenden, während seine Lieferanten das Keiretsu verlassen und einem neuen Keiretsu beitreten können. Viele Zulieferer sind auch in Bezug auf Kapital, Technologie, Management-Know-how und Manpower auf den Monteur angewiesen. Laut Baum (1994) verhalten sich die Unternehmen im vertikalen Keiretsu wie ein Organismus: Sie geben Kredite, Technologie, Entwicklungskosten und langfristige Lieferverträge von Kunden weiter oben in der Pyramide an Subunternehmer weiter.

5.5 Funktion von Keiretsu-Netzwerken

In einem Keiretsu spielen die übergeordneten Unternehmen, die sogenannten Präsidentenclubs, eine signifikante wichtige Rolle. Die Mitgliedsunternehmen des Präsidentenclubs stammen aus sechs großen Unternehmensgruppen. Es gibt große Bank-, Finanz-, Handels-, Immobilien- und Produktionsunternehmen. Nakata (1998) erklärt, dass der Zweck des Clubs darin besteht, Informationen über wirtschaftliche Bedingungen und andere geschäftliche Angelegenheiten auszutauschen. Der Meinungsaustausch zwischen Unternehmenspräsidenten wird häufig durchgeführt, um neue Unternehmen und hochrangige Personalangelegenheiten in Mitgliedsunternehmen zu gründen. Der Club des Präsidenten hat keinen direkten Einfluss auf den Entscheidungsprozess in den Mitgliedsunternehmen, nimmt jedoch eine wichtige Rolle bei der Entscheidungsfindung im Hinblick auf die Interessen der Unternehmensgruppe ein. Insgesamt gibt es sieben Aufgaben, die ein Keiretsu im Auftrag der Mitglieder seiner Gruppe ausführt:

- Organisation der gesamten Geschäftsabläufe
- Risikoverteilungsfunktion
- Informationsfunktion
- interne Finanzmarktfunktionen
- strategische Gruppenkoordinationsfunktionen
- symbolische Funktionen
- zukunftsweisende Strukturveränderungsfunktionen

Organisation der gesamten Geschäftsabläufe

Eine der wichtigsten Funktionen eines Keiretsu ist die Organisation der operativen Aktivitäten aller Gruppenmitglieder. Diese Funktion umfasst alle Tätigkeitsbereiche von Marketing, Logistik und Vertrieb, Transport, Lagerhaltung, Versicherung und Filialmanagement bis hin zu administrativen Nebendienstleistungen und anderen allgemeinen Organisationsfunktionen. Man kann feststellen, dass die in der Struktur eines Keiretsu angesiedelten Handelsunternehmen eine wichtige Rolle spielen. Den Hauptteil dieser Organisationsfunktionen übernehmen die Handelsunternehmen. Sie dienen dazu, Angebot und Nachfrage auf dem Heimatmarkt innerhalb eines Keiretsu zu koordinieren und zu generieren. Die Organisationsfunktion trägt hauptsächlich zu Kosteneinsparungen, Zeiteinsparungen, Minimierung des Risikomanagements und Steigerung der strategischen Effizienz bei (Young 1990; Kensy 2001).

Risikoverteilungsfunktion

Dies ist die wichtigste Funktion eines Keiretsu. Das Grundprinzip eines Keiretsu sind langfristige Vereinbarungen zwischen den Unternehmen der Gruppe. Außerdem sind die gegenseitigen Geschäftsbeziehungen klarer, weil sich die Gegenpartner kennen. Auch langfristige Investitionen lassen sich einfacher planen. Die Gesellschaften der Gruppe halten die Anteile anderer Gesellschaften der Gruppe. Dies erschwert Außenstehenden die Übernahme eines Konzernunternehmens und gibt dem Management somit langfristige Stabilität (Yoshihara 1994). Bei der Betrachtung von Keiretsu-Netzwerken sieht man, dass „große Unternehmen den größten Umfang und Umfang der Aktivitäten haben und die daraus resultierenden Vorteile einer komplementären Koordination zwischen diesen Unternehmen, ihren Banken, Handelsunternehmen und anderen großen Industrieunternehmen am größten sind". Die an einem Keiretsu beteiligten Unternehmen können Risiken in verschiedenen Geschäftsbereichen besser reduzieren als kleinere und fokussiertere Unternehmen. Darüber hinaus trägt ein besseres Risikomanagement zu höheren Gewinnen der Keiretsu-Unternehmen bei.

Informationsfunktion

Ein schneller Zugriff auf Informationen ist in modernen Unternehmen von entscheidender Bedeutung. Ein Keiretsu bietet schnellen Zugriff auf tagesaktuelle Informationen für ihre Unternehmen. Der Besitz relevanter Informationen verschafft einem Keiretsu einen großen Vorteil gegenüber seinen Konkurrenten. Ein Keiretsu hat Zugang zu Informationen aus dem Heimatmarkt, aber auch aus Überseemärkten. Es werden Inlandsmarktdaten und Auslandsdaten von Keiretsu-Unternehmen, die im Ausland tätig sind, erhoben. Finanzinformationen stammen aus Finanz- und Handelsbeziehungen und werden von der Hausbank analysiert. Der Informationssektor ist in Japan hoch entwickelt. Mitsubishi war beispielsweise das erste

Unternehmen, das einen dedizierten Satelliten ins All brachte, insbesondere für interne Zwecke (Kensy 2001). Die Japaner sind berühmt für ihre sich entwickelnde Kommunikationstechnologie. Ein gutes Informationssystem ist ein grundlegender Bestandteil für den Erfolg eines Keiretsu.

Interne Finanzmarktfunktionen

Laut Kensy (2001) spielt ein Keiretsu eine wichtige Rolle in der Managementplanung und als allgemeiner Beschützer von Konzernunternehmen. Ein Keiretsu bietet Schutz gegen den Wettbewerbsdruck und auch gegen ausländische Marktteilnehmer. Kensy vergleicht ein Keiretsu mit einem Regenschirm, der kleinere Firmen vor übermäßigen Risiken schützt. Es verhindert Spekulanten und feindliche Übernahmen. Dies wird intern innerhalb eines Keiretsu durch deren Finanzinstitute durchgeführt, die die Managementkontrolle durchführen und die Unternehmensleistung überwachen.

Ein Keiretsu bietet Konzernunternehmen Zugang zu Geldern. Wie erwähnt, spielt die Bank in einem Keiretsu eine sehr wichtige Rolle. Sie verleiht nicht nur den gesamten Geldbedarf des Unternehmens, sondern stellt auch den größten Betrag zur Verfügung und fungiert als eine Art Bürge für die anderen Banken, die dem Unternehmen Geld verleihen. Ein Keiretsu bietet auch für einzelne, kleine und unbekannte Mitgliedsunternehmen einen leichteren Zugang zu internationalen Geld- und Kapitalmärkten. Dies reduziert auch die Zinsbelastung für kleinere Unternehmen.

Strategische Gruppenkoordinationsfunktionen

Keiretsu-Netzwerke haben eine Gruppenkoordinationsfunktion, in der die gemeinsame Strategie und Positionierung gemeinsam analysiert, ausgewählt und implementiert wird. Durch die Keiretsu-Struktur sind Ausrichtung aller Wertschöpfungsfunktionen möglich.

Symbolische Funktionen

Keiretsu-Netzwerke haben eine symbolische Funktion. Ein Keiretsu-Netzwerk ist immer ein multifunktionales Gebilde von unterschiedlichen Unternehmen. Durch die Größe entsteht eine gewisse Symbolik gegenüber externen Stakeholdern.

Zukunftsweisende Strukturveränderungsfunktionen

Die wirtschaftliche Entwicklung ist einem ständigen strukturellen Wandel unterworfen. Innovationen, nachziehende Wettbewerber, veränderte Kundenanforderungen und sich ändernde Preisrelationen haben Einfluss auf die wirtschaftliche Struktur. Dieser Prozess des Strukturwandels führt dazu, dass bestimmte Branchen oder Technologien im Wettbewerb zurückfallen und entweder selbst durch innovatives Verhalten eine neue Marktposition definieren müssen oder durch nachrückende neue Technologien und Branchen überflügelt werden. Die Kombination aus wachsenden und schrumpfenden Bereichen sorgt für eine dynamische Struktur der Wirtschaft, aus der Wachstum und Innovationen entstehen und auf deren Basis eine laufende Anpassung an neue Anforderungen erfolgen kann. Keiretsu-Netzwerke können durch ihre Struktur perfekt auf zukünftige Trends reagieren.

Gerade der Klimaschutz als auch die Anpassung an den Klimawandel haben Strukturveränderungen zur Folge, auf die zahlreiche Keiretsu-Netzwerke in Japan bereits reagiert haben. Unternehmen müssen sich an das veränderte Klima und sich wandelnde Wetterbedingungen anpassen. Dadurch werden bestimmte bisherige Produkte, Produktionsweisen, Märkte und Standorte infrage gestellt. Gleichzeitig ergeben sich aus der Anpassung Chancen auf neue Produkte und neue Märkte. Aber auch der politisch durchgesetzte Klimaschutz, also die Verminderung von Treibhausgasemissionen, hat Veränderungen für die Wirtschaftsstruktur zur Folge. Diese werden insbesondere durch die Verteuerung von Energie und Kohlendioxid-Emissionen – beispielsweise durch entsprechende Steuern oder das System von handelbaren Emissionszertifikaten – ausgelöst. Gerade energieintensive Branchen sind hiervon negativ betroffen, werden zu Produktionsumstellungen gezwungen oder wandern zu Standorten mit günstigeren Kostenstrukturen ab.

> **Toyota Keiretsu-Netzwerkstruktur**
>
> Der Toyota Keiretsu ist ein Cluster miteinander verbundener japanischer Firmen, deren Mittelpunkt eine Bank ist, die Mitgliedsunternehmen Geld leiht und an diesen Unternehmen beteiligt ist. Durch die Bündelung ihrer Kräfte sind diese Unternehmen in der Lage, Kosten und Risiken zu reduzieren, die Kommunikation zu erleichtern, Vertrauen und Verlässlichkeit zu gewährleisten und sich von der Konkurrenz von außen zu isolieren (Katsuki & Lennerfors 2013).
>
> Es gibt zwei Arten von Keiretsu, horizontal und vertikal. Horizontale, marktübergreifende Keiretsu sind diversifizierte Netzwerke großer Unternehmen. Dazu gehörten die drei oben genannten Nachkommen des Zaibatsu aus der Zeit vor dem Zweiten Weltkrieg. Vertikale Fertigungs- und Vertriebs-Keiretsu sind asymmetrische Netzwerke, in denen kleine Firmensektoren von großen Sektoren dominiert werden. Die Toyota-Gruppe gilt als die größte der vertikal integrierten Keiretsu-Gruppen. Die Vereinigten Staaten und die meisten westlichen Länder betrachteten das Keiretsu negativ, weil sie ein solches Geschäftsschema als das eines verbotenen Monopols oder Kartells interpretierten.

Die Toyota Group ist ein Beispiel für ein sehr erfolgreiches, komplexes und prominentes Keiretsu in Japan. In den letzten Jahrzehnten stand Toyota sowohl im Inland als auch im Ausland bei Umsatz und Gewinn an der Spitze der Liste. Die Muttergesellschaft erwirtschaftet mit 72 000 Mitarbeitenden durchschnittlich 72 Milliarden US-Dollar Umsatz pro Jahr. Das entspricht 1 Mio. US-Dollar Umsatz pro Mitarbeitenden, das ist etwa das Sechsfache des Konkurrenten General Motors. Toyota ist seit über 24 Jahren das meistverkaufte Auto in Japan. Dies allein zeigt die Schlagkraft und Kraft des japanischen Keiretsu. Dieses Unternehmen ist der größte Industriekonzern Japans und einer der größten Keiretsu des Landes. Eine weitere erstaunliche Tatsache ist, dass Toyota viel mehr ist als ein Autohersteller. Toyota ist ein wichtiger Teilhaber an drei Telekommunikationsunternehmen, Hauptinvestor einer Firma für die Entwicklung von Computersystemen und hält Beteiligungen an einer auf Kfz-Versicherungen spezialisierten Versicherungsgesellschaft. Darüber hinaus betreibt Toyota vier Immobilienfirmen, zwei Finanzfirmen und prüft derzeit Möglichkeiten in der Luft- und Raumfahrtindustrie.

Aufgrund der Bedeutung von Keiretsu in Japan nach dem Zweiten Weltkrieg profitierten allerdings nur die Mitarbeitenden, die in Kernsektoren des Unternehmens arbeiteten. Diejenigen, die gezwungen waren, in kleinen Unternehmen zu arbeiten, litten unter niedrigen Löhnen, eingeschränkter beruflicher Mobilität und Arbeitsplatzinstabilität.

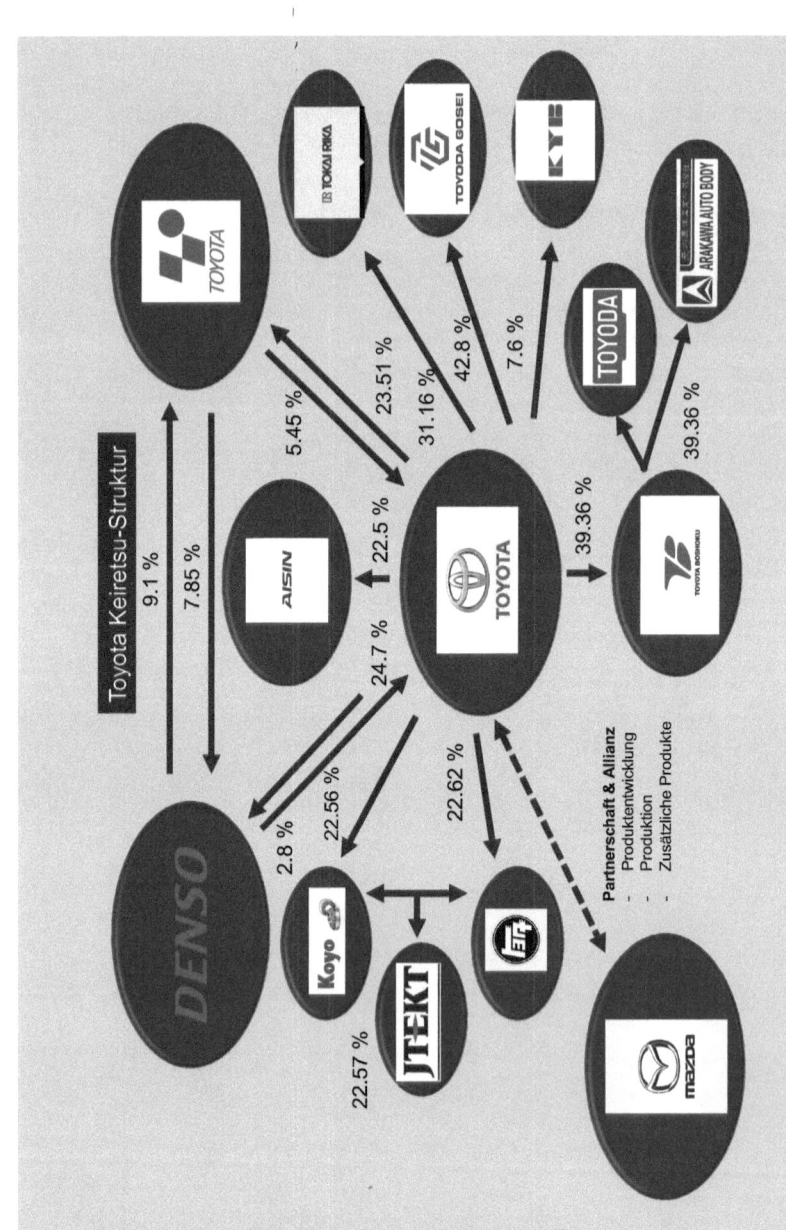

Toyota Keiretsu-Netzwerkstruktur und Teilhaberschaft

Toyota hieß ursprünglich Koromo (挙母) und war eine alte Burgstadt, in der in der Edo-Zeit ein Zweig des Naito-Klans residierte. Seit dem 1. Januar 1959 trägt sie ihren heutigen Namen. Am 1. April 2005 schloss sich Toyota mit sechs Nachbargemeinden zusammen.

Konzernzentrale von Toyota in Toyota-City, Aichi in der Nähe von Nagoja, Japan

Literatur

Ahmadin, Ch.; Lincoln, E.J.: (2001) Keiretsu, Governance, and Learning: Case Studies, in: *Change from the Japanese Automotive Industry. Organization Science.* 12 (6), 683–701.

Baum, Joel A.C.: (1994) *Evolution of Keiretsu and Their Different Forms.* Available at: www.rotman.utoronto.ca/~baum/mgt2005/keiretsu.htm. Retrieved 1.12.06.

Chen, Min: (2004) Asian Management Systems, London: Thomson Learning.

Choi, Yongsok: (1999) *The Structural Transformation of the Japanese Enterprise Groups After the Economic Recession of the 1990s: The Impact of Financial Restructuring on the Keiretsu Structure*, Working Paper 99–32, Korea Institute for International Economic Policy.

Freitag, M.: (2004) Toyota. Formel Toyota, in: *Manager Magazin*, 12, 12–14.

Gerlach, Michael L.: (1992) *Alliance Capitalism: The Social Organization of Japanese Business.* University of California Press, Berkley.

Hoshi, Takeo: (1994) The Economic Role of Corporate Grouping and The Main Bank System, 285–309, in: Mashiko Aoki; Ronald Dore: *The Japanese Firm: The Sources of Competitive Strength.* Oxford University Press, Oxford.

Imai, M.: (1986) *Kaizen. Der Schlüssel zum Erfolg der Japaner im Wettbewerb.* Ullstein, Frankfurt.

Kalkowsky, M.: (2004) *Nur Porsche hat das Lean Management begriffen: Interview with Prof. D. Jones.* Produktion. 31, 16.

Katsuki, A.; Lennerfors, T.T.: (2013) Organizational Restructuring. The New, Improved Keiretsu, in: *Harvard Business Review.* Retrieved 1.11.2021. https://hbr.org/2013/09/the-new-improved-keiretsu.

Kensy, R.: (2001) *Keiretsu Economy – New Economy? Japan's Multinational Enterprises from a Postmodern Perspective.* Palgrave, New York.

Kikkawa, Takeo: (1995) Kigyo Shudan: The Formation And Functions of Enterprise Groups, 44–53, in: Etsuo Abe; Robert Fitzgerald: *The Origins of Japanese Industrial Power: Strategy, Institutions and the Development of Organisational Capability.* Frank Cass, London.

Liker, J.K.: (2004) *The Toyota Way.* McGraw-Hill, Madison.

Liker, J.K.; Choi, T.: (2005) *Fordernde Liebe: Supply Chain Management.* Harvard Business Manager, 03, 60–72.

Mayasoshi, Ikeda: (1998) Globalisation's impact upon the subcontracting system, 109–127, in: Hasegawa Harukiyo; Hook D. Glenn: *Japanese Business Management: Restructuring for Low Growth and Globalisation.* Routledge, London.

Miyashita, K.; Russell, D.W.: (1994) *Keiretsu: Inside The Hidden Japanese Conglomerates.* McGraw-Hill, New York.

Morikawa, Hidemasu: (1992) *Zaibatsu: The Rise and Fall of Family Enterprises Groups in Japan.* University of Tokyo Press, Tokyo.

Nakata, M.: (1998) Ownership and control of large corporations in contemporary Japan, in: Hasegawa Harukiyo; Hook D. Glenn: *Japanese Business Management: Restructuring for Low Growth and Globalisation.* Routledge, London.

Ohno, T.: (1990) *Toyota Production System. Beyond Large-Scale Production.* Productivity Press, New York.

Shimotani, M.: (1995) The Formation of Distribution Keiretsu: The Case of Matsushita Electric. 54–69, in: *Etsuo Abe and Robert Fitzgerald (eds.), The Origins of Japanese Industrial Power: Strategy, Institutions and the Development of Organisational Capability.* Frank Cass, London.

6 Konzentration auf Wertschöpfung: Fuka Kachi (付加価値)

6.1 Muda (無駄), Muri (無理) und Mura (斑)

Das Toyota-Produktionssystem und später das Konzept von Lean wurden entwickelt, um die drei Arten von Abweichungen zu beseitigen, die auf eine ineffiziente Ressourcenallokation hinweisen (Bild 6.1). Die drei Typen sind Muda (無駄 – Verschwendung), Muri (無理 – Überbeanspruchung) und Mura (斑 – Unausgeglichenheit). Muda bedeutet Verschwendung, Nutzlosigkeit und Sinnlosigkeit, was der Wertschöpfung widerspricht. Wertschöpfende Arbeit und Tätigkeiten sind ein Prozess, der dem Produkt oder der Dienstleistung einen Mehrwert verleiht, für den der Kunde bereit ist zu zahlen.

Unter Muda gibt es sieben Abfallkategorien, die der Abkürzung TIMWOOD folgen (Bild 6.2). Die sieben Verschwendungen sind

- Transport, d. h. übermäßige Produktbewegung,
- Inventar, d. h. Lagerbestände an Waren und Rohstoffen,
- Bewegung, d. h. übermäßige Bewegung von Maschinen oder Personen,
- Warten,
- Überproduktion,
- Überarbeitung und
- Mängel.

Muri bedeutet

- Überforderung,
- Übermaß,
- Unmögliches oder
- Unzumutbares.

Muri kann aus Mura resultieren und in einigen Fällen durch übermäßige Entfernung von Muda (Abfall) aus dem Prozess verursacht werden. Muri existiert auch, wenn Maschinen oder Bediener zu mehr als 100 % zur Erledigung einer Aufgabe oder auf nicht nachhaltige Weise eingesetzt werden. Muri über einen längeren Zeitraum kann zu Fehlzeiten und Krankheit der Mitarbeitenden sowie zu Maschinenausfällen führen. Standardisierte Arbeit kann helfen, Muri zu vermeiden, indem die Arbeitsprozesse so gestaltet werden, dass die Arbeitsbelastung gleichmäßig verteilt wird.

Mura bedeutet

- Unebenheit,
- Ungleichmäßigkeit und
- Unregelmäßigkeit.

Mura ist der Grund für die Existenz einer der sieben Abfälle. Mura führt zu Muda. In einer Fertigungslinie müssen beispielsweise Produkte während des Montageprozesses mehrere Arbeitsstationen durchlaufen. Wenn die Kapazität einer Station größer ist als die der anderen Stationen, kommt es zu einer Ansammlung von Verschwendung in Form von Überproduktion, Wartezeiten usw. Das Ziel eines Lean-Production-Systems ist es, die Arbeitsbelastung so auszugleichen, dass keine Ungleichmäßigkeiten oder Abfallansammlung entsteht. Bild 6.1 zeigt die Elemente Muda, Muri und Mura.

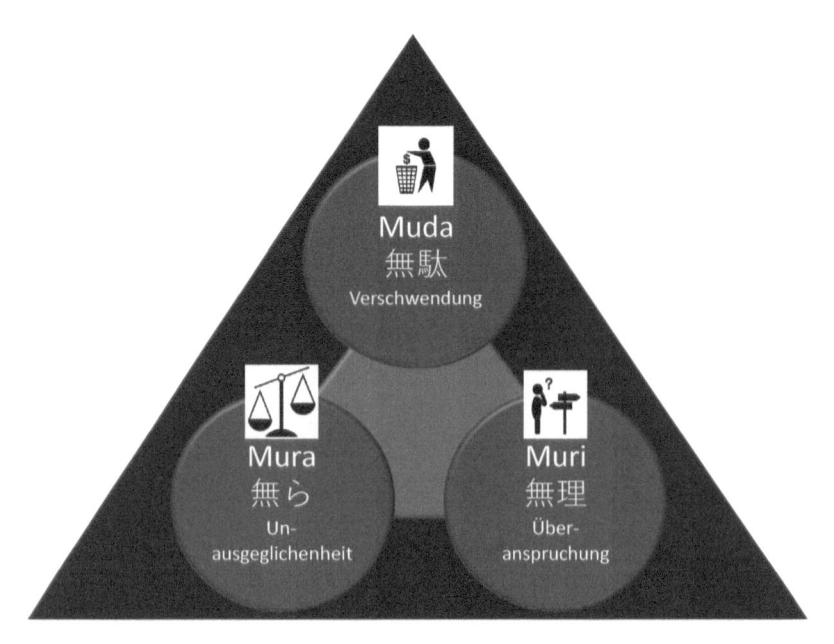

Bild 6.1 Muda, Muri, Mura

T	Transport	Transport	
I	Inventory	Bestände	
M	Motion	Bewegung	
W	Waiting	Wartezeiten	
O	Overproduction	Überproduktion	
O	Overprocessing	Überarbeitung	
D	Defects	Defekte	

Bild 6.2 TIMWOOD-Modell

6.2 Wertschöpfung und Verschwendung entlang der Wertschöpfungskette

Mehrwert kann als Produkte, Dienstleistungen, Prozesse und Aktivitäten definiert werden, die einen bestimmten Wert für das Unternehmen und das Unternehmen generieren. Die Wertschöpfung muss aus Sicht des Kunden betrachtet werden und ist alles, wofür der Kunde bereit ist zu zahlen. Es ist wichtig, dass der Mehrwert vom Kunden erkannt und als Wert wahrgenommen wird. Viele Studien haben gezeigt, dass wir einem Produkt nur in weniger als 5 bis 15 % der Fälle einen Mehrwert verleihen, der Rest der Zeit wird verschwendet (Helmold & Terry 2016). Das Gegenteil ist kein Mehrwert oder Abfall, wie in Bild 6.3 dargestellt.

Abfall (japanisch: Muda, 無駄) ist alles, was Kosten oder Zeit hinzufügt, ohne einen Mehrwert zu schaffen, oder eine Aktivität, die keine der genannten Bedingungen der Wertschöpfung erfüllt, ist eine Verschwendung oder eine nicht wertschöpfende Aktivität in einem Prozess. Der Schwerpunkt im Betriebsmanagement muss daher auf der Beseitigung von Aktivitäten wie Wartezeiten oder Nacharbeiten liegen (Ohno 1990; Liker 2004). Das Unternehmen muss auf einen Mehrwertprozess abzielen und Abfall beseitigen oder reduzieren, wobei Abfall sichtbar (offensichtlich) oder unsichtbar (verborgen) sein kann.

Bild 6.3 Wertschöpfung und Verschwendung

Durchlaufzeiten werden so aufgrund der vollständigen Eliminierung von Verschwendung (japanisch: Muda) reduziert. Verschwendungsarten lassen sich unterteilen in offene und versteckte Verschwendung. Die Verschwendungsarten der offenen (offensichtlichen) und versteckten (verdeckten) Verschwendung sind in dem Kreisdiagramm (Bild 6.3) dargestellt. Offensichtliche (offene) Verschwendung beinhaltet alle Tätigkeiten und Aktivitäten, die offensichtlich nicht notwendig sind, um dem Produkt Mehrwert hinzuzufügen. Der Kunde ist nicht bereit, für diese Aktivitäten ein Entgelt zu entrichten und diese zu bezahlen. Die verdeckte Verschwendung umfasst Tätigkeiten, die keinen Wertzuwachs bringen, aber unter den gegebenen Umständen getan werden müssen. Auch für diese Aktivitäten sieht der Kunde keinen Grund zu bezahlen. Alle anderen Aspekte (dem Produkt Wert zuführende Aktivitäten) stellen wertschöpfende Tätigkeiten dar und werden vom Kunden getragen. Die einzige wirksame Methode, Verschwendung zu eliminieren, ist die Wegnahme der scheinbaren Sicherheit. Durch die Transparenzmachung der wirklichen Probleme erfolgt eine leichte Identifizierung der Problemtreiber, ebenso der Zwang zur schnellen Lösung. Bild 6.4 zeigt auf, wie sich Unternehmen auf Wertschöpfung konzentrieren und Verschwendung konsequent eliminieren müssen.

Kategorie	Beschreibung	Ziel
Wertschöpfende Prozesse	• Kunde ist bereit zu zahlen • Kunde erkennt Wertschöpfung • Prozess ist notwendig, um Kundenzufriedenheit zu erzielen	**Konzentration Erhöhung**
Versteckte Verschwendung	• Kunde ist nicht bereit zu zahlen • Prozess ist nicht notwendig, um Kundenzufriedenheit zu erzielen • Ineffizienzen nicht sofort sichtbar	**Minimierung** Eliminierung
Offensichtliche Verschwendung	• Kunde ist nicht bereit zu zahlen • Prozess ist nicht notwendig, um Kundenzufriedenheit zu erzielen • Kunde erkennt nicht die Notwendigkeit des Prozesses	**Minimierung** Eliminierung

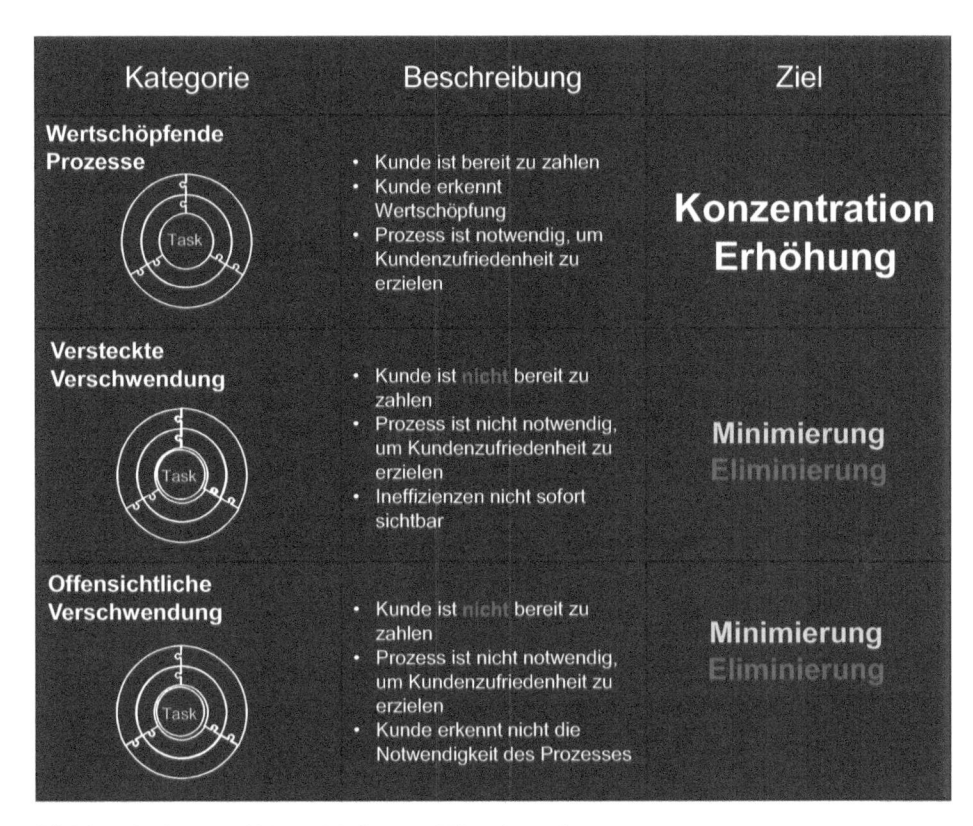

Bild 6.4 Reaktion auf Wertschöpfung und Verschwendung

Durch die nachhaltige Beseitigung der Ursachen für die Verschwendung werden niedrigere Durchlaufzeiten und damit automatisch niedrigere Bestände ermöglicht.

6.3 Sieben Arten der Verschwendung: TIMWOOD

Die Beseitigung von verschwenderischen Aktivitäten ist eine der wichtigsten Voraussetzungen für den Aufbau eines erfolgreichen Unternehmens. Dieses Konzept ist integraler Bestandteil des Lean-Denkens und hilft Ihnen, die Rentabilität zu steigern.

6.3.1 Verschwendung durch Transport

Übermäßiger Transport ist eine erhebliche Verschwendung, da die Zeit, die Arbeitskräfte, die Energie, der Aufwand und die Ressourcen, die zum Bewegen von Gegenständen erforderlich sind, dem Kunden egal sind und er sie nicht bezahlen möchte (Ohno 1990). Beispiele für Transportabfälle sind der Transport von Produkten von einem Funktionsbereich wie dem Pressen zu einem anderen Bereich wie dem Schweißen oder die Verwendung von Materialhandhabungsgeräten, um Materialchargen innerhalb einer Arbeitszelle von einer Maschine zu einer anderen zu bewegen. Dies verschwendet Zeit, da die Bediener die verfügbare Zeit des Arbeitstages dem Verschieben von Objekten von einem Ort zum anderen widmen. Es verschwendet Energie und Ressourcen, da die Zeit der Mitarbeitenden besser genutzt werden könnte und weil einige für den Transport verwendete Werkzeuge (Gabelstapler, Lastwagen, Hubwagen) Energie wie Strom oder Propan verbrauchen. Indem Maschinen und Bediener Zeit für die Verschwendung von Aktivitäten aufwenden, sind sie nicht mehr frei für wertschöpfende Aktivitäten. Bild 6.5 zeigt Transportabfälle. Gründe können unzureichende Layouts und große Entfernungen zwischen einzelnen Operationen sein. Die Folgen dieser Verschwendung sind der erhöhte Zeitbedarf und die verringerte Produktivität. Eine verminderte Produktivität führt zu höheren Betriebskosten und kann die Rentabilität des Unternehmens beeinträchtigen (Liker 2004).

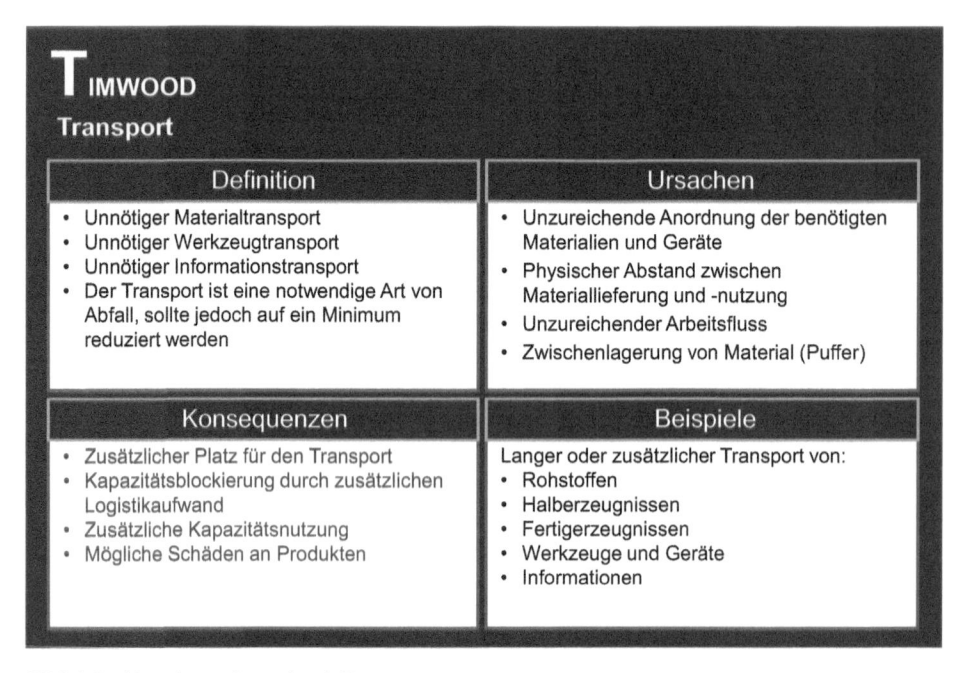

TIMWOOD
Transport

Definition	Ursachen
• Unnötiger Materialtransport • Unnötiger Werkzeugtransport • Unnötiger Informationstransport • Der Transport ist eine notwendige Art von Abfall, sollte jedoch auf ein Minimum reduziert werden	• Unzureichende Anordnung der benötigten Materialien und Geräte • Physischer Abstand zwischen Materiallieferung und -nutzung • Unzureichender Arbeitsfluss • Zwischenlagerung von Material (Puffer)
Konsequenzen	Beispiele
• Zusätzlicher Platz für den Transport • Kapazitätsblockierung durch zusätzlichen Logistikaufwand • Zusätzliche Kapazitätsnutzung • Mögliche Schäden an Produkten	Langer oder zusätzlicher Transport von: • Rohstoffen • Halberzeugnissen • Fertigerzeugnissen • Werkzeuge und Geräte • Informationen

Bild 6.5 Verschwendung durch Transport

6.3.2 Verschwendung durch Bestände

Der Lagerbestand besteht aus überschüssigem Material von Fertigwaren, Halbzeugen oder Rohstoffen. Der Fertigwarenbestand ist im Allgemeinen der teuerste Bestand, da er mit Arbeitskräften und anderen Gemeinkosten verbunden ist, zusammen mit den Materialkosten, die während der Produktion verbraucht werden. Um diesen Bestand zu reduzieren, sind Prozessverbesserungen sowie eine höhere Genauigkeit bei der Prognose der Kundenanforderungen erforderlich. Inventarabfälle beziehen sich auf Abfälle, die durch unverarbeitetes Inventar entstehen. Dies umfasst die Verschwendung von Lagerbeständen, die Verschwendung von Kapital, das im unverarbeiteten Inventar gebunden ist, die Verschwendung beim Transport des Inventars, die Container, in denen das Inventar aufbewahrt wird, die Beleuchtung des Lagerraums usw. Die Umweltauswirkungen von Inventarabfällen sind Verpackung, Verschlechterung oder Beschädigung der unfertigen Erzeugnisse, zusätzliche Materialien als Ersatz für beschädigtes oder veraltetes Inventar und die Energie für die Beleuchtung sowie entweder Wärme oder Kälte für den Inventarraum. Bild 6.6 zeigt die Definition, Gründe, Konsequenzen und Beispiele für die Bestandsaufnahme. Die Lagerbestände werden sich negativ auf das Betriebskapital und den Cashflow auswirken, sodass sich eine ausgefeilte Produktionsplanung auf die optimalen Lagerbestände in der gesamten Wertschöpfungskette und im gesamten Betrieb konzentrieren muss (Helmold & Terry 2021).

T I MWOOD
Bestände (Inventory)

Definition	Ursachen
Es wird mehr gebraucht, als verarbeitet oder produziert werden kann: • Rohmaterialen und Rohstoffe • Halbfertigerzeugnisse • Work-in-Progress Material (WIP) • Fertigprodukte und Fertigerzeugnisse	• Planungs- und Logistikprozesse • Unzureichende Lieferantenqualität • Mangelhafte Prozesse in der Wertschöpfungskette • Nicht synchronisierte Werteketten • Hohe Produktvielfalt

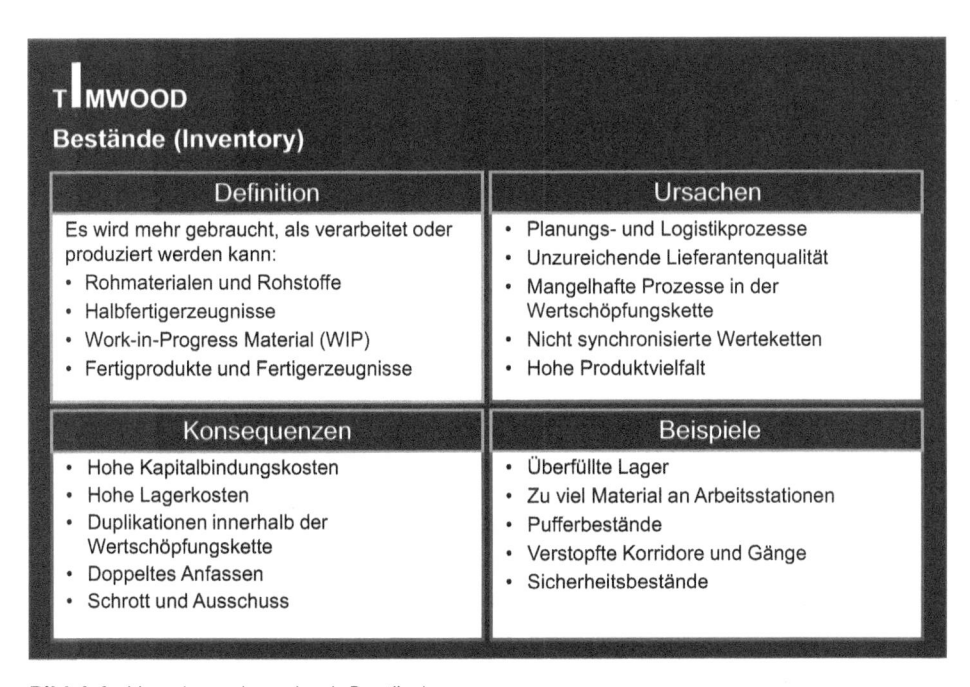

Konsequenzen	Beispiele
• Hohe Kapitalbindungskosten • Hohe Lagerkosten • Duplikationen innerhalb der Wertschöpfungskette • Doppeltes Anfassen • Schrott und Ausschuss	• Überfüllte Lager • Zu viel Material an Arbeitsstationen • Pufferbestände • Verstopfte Korridore und Gänge • Sicherheitsbestände

Bild 6.6 Verschwendung durch Bestände

6.3.3 Verschwendung durch überflüssige Bewegungen

Verschwendung durch unnötige Bewegungen (Motion) beinhaltet Bewegungen von Mitarbeitenden (oder Maschinen), die kompliziert und unnötig sind. Sie können Verletzungen, verlängerte Produktionszeit und vieles mehr verursachen. Mit anderen Worten, tun Sie alles, was notwendig ist, um einen Prozess zu organisieren, bei dem Mitarbeitende so wenig wie möglich tun müssen, um ihre Arbeit zu erledigen. Bild 6.7 zeigt die Definition, Ursachen, Konsequenzen und Beispiele.

TI M WOOD
Bewegungen (Motion)

Definition	Ursachen
• Jede Art von Bewegung, die dem Wertschöpfungsprozess dient oder Teil des Wertschöpfungsprozesses ist	• Fehlerhafte oder fehlende Analyse der Arbeitsabläufe • Nicht sachgerechte Anordnung der Arbeitsstationen • Unzureichende Bereitstellung von Materialien, Werkzeugen oder Informationen

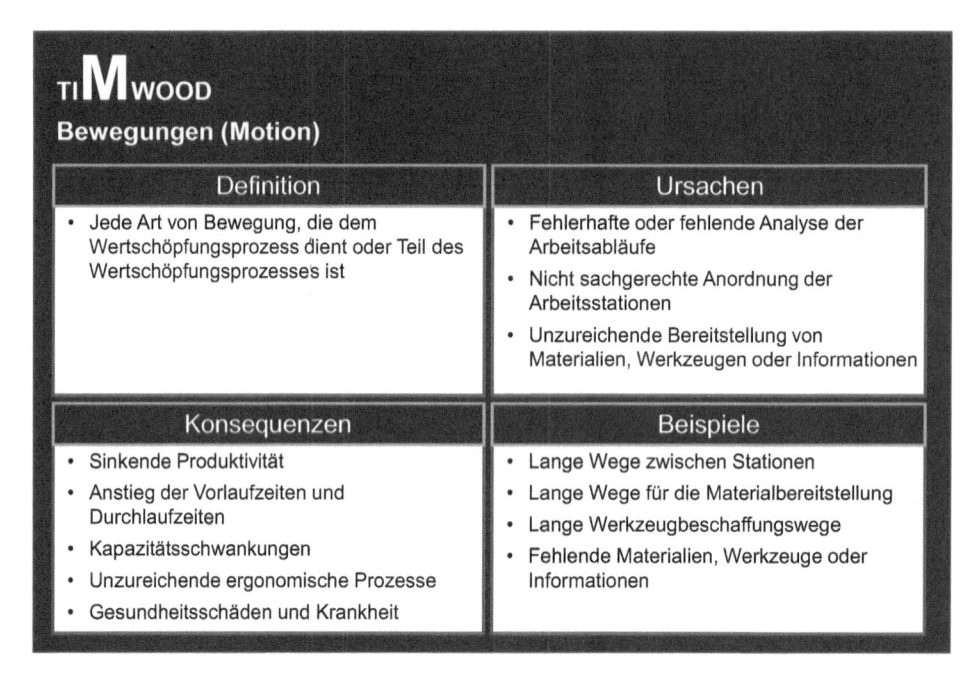

Konsequenzen	Beispiele
• Sinkende Produktivität • Anstieg der Vorlaufzeiten und Durchlaufzeiten • Kapazitätsschwankungen • Unzureichende ergonomische Prozesse • Gesundheitsschäden und Krankheit	• Lange Wege zwischen Stationen • Lange Wege für die Materialbereitstellung • Lange Werkzeugbeschaffungswege • Fehlende Materialien, Werkzeuge oder Informationen

Bild 6.7 Verschwendung durch unnötige Bewegungen

6.3.4 Verschwendung durch Wartezeiten

Wartezeiten (Bild 6.8) sind unproduktive Zeiten, während denen keine Wertschöpfung erzeugt werden kann. Oft wird ein großer Teil der Wartezeit durch Maschinenstillstände verursacht. Wartezeiten können aber auch manuelle Operationen betreffen, in denen die Abfolge der Tätigkeiten nicht synchronisiert sind und nachgelagerte Prozessschritte auf Teile oder Erzeugnisse der vorherigen Station warten müssen. Die Reduzierung von Wartezeiten, respektive die Reduzierung der Maschinenstillstände erhöht die verfügbare Maschinenzeit und damit den Output. Bei gleicher verfügbarer Maschinenzeit steigt damit auch die Produktivität (= Output/ Input). In logischer Konsequenz bedeutet das, dass Maschinenstillstände, ob geplant oder ungeplant, auf ein Minimum reduziert werden müssen. Grundsätzlich ist festzuhalten, dass Verschwendung nicht vollständig vermieden werden kann. Das Ziel ist es, die Verschwendung an den Stellen, an denen sie entfallen kann, zu eliminieren (z. B. Ausschuss) und an den Übrigen zu minimieren (z. B. Transportwege). Speziell bei Maschinenstillständen zielt die vorbeugende Instandhaltung darauf ab, durch umfassende Planung und Umsetzung von Instandhaltungsmaßnahmen den Eintritt von schadensbedienten und damit oft kostspieligen Anlagenausfällen zu vermeiden. Dabei ist zwischen folgenden Maßnahmen zu unterscheiden:

- Inspektion
- Wartung
- vorbeugende Reparatur oder Austausch von Maschinenkomponenten
- Installation überwachender Systeme

Bei allen Maßnahmen ist die Dauer des geplanten Stillstands möglichst gering sowie das Intervall zwischen den Stillständen möglichst hoch zu halten, um lange Produktionszeiten zu erreichen. Die Installation von überwachenden Systemen gibt Informationen über die Lebensdauer der Verschleißteile, ohne dass die Maschine dafür stillstehen muss. So kann die Lebensdauer der Komponenten vollständig ausgenutzt werden, bevor diese getauscht werden.

TIM**W**OOD
Wartezeiten (Waiting)

Definition	Ursachen

• Eine Periode, in der keine Aktivitäten passieren
• Wartezeiten im Produktionsprozess:
  – Im Lager
  – In der Produktion
  – Innerhalb der Wertschöpfungskette
	• Unsynchronisierte Abläufe
	• Unausbalancierte Prozesse
	• Fehlendes Material, Werkzeuge oder Informationen
	• Fehlende Mitarbeitende
	• Warten auf Qualitätsvalidierung

Konsequenzen	Beispiele
• Reduzierte Produktivität • Nachlassende Effizienz • Erhöhte Vorlaufzeit • Kapazitätserhöhung • Verminderte Mitarbeitermotivation	• Warten auf Material, Werkzeuge oder Informationen • Mitarbeitende in Produktion oder Qualität nicht verfügbar • Ausgesetzte Operation durch fehlende Maschinen, Mitarbeitende oder Informationen

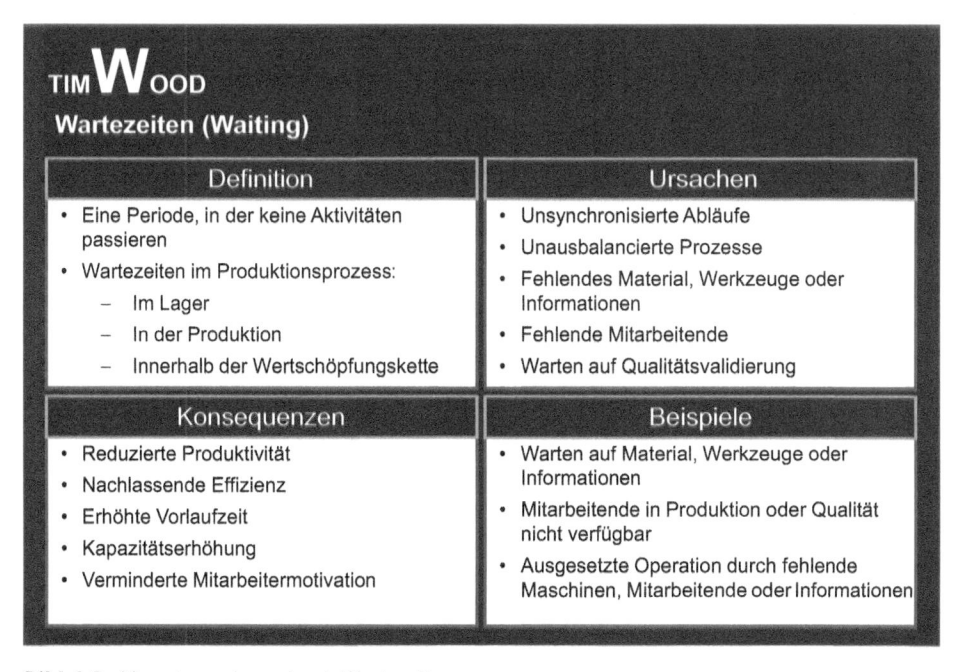

Bild 6.8 Verschwendung durch Wartezeiten

6.3.5 Verschwendung durch Überproduktion

Überproduktion (Bild 6.9) entsteht, wenn ein Unternehmen mehr produziert als der Kunde tatsächlich benötigt. Dies kann sowohl die Produktion von Produkten oder Komponenten umfassen, für die keine aktuellen Aufträge bestehen, als auch die Herstellung von mehr Teilen als momentan benötigt werden. Überproduktion ist die schlimmste Art der Verschwendung, da sie gewöhnlich alle anderen Arten vervielfacht. Es erhöht die Ausschuss- und Nacharbeitsquote, die Bestände, die Durchlauf- und Wartezeiten sowie unnötige Bewegungen und Transporte.

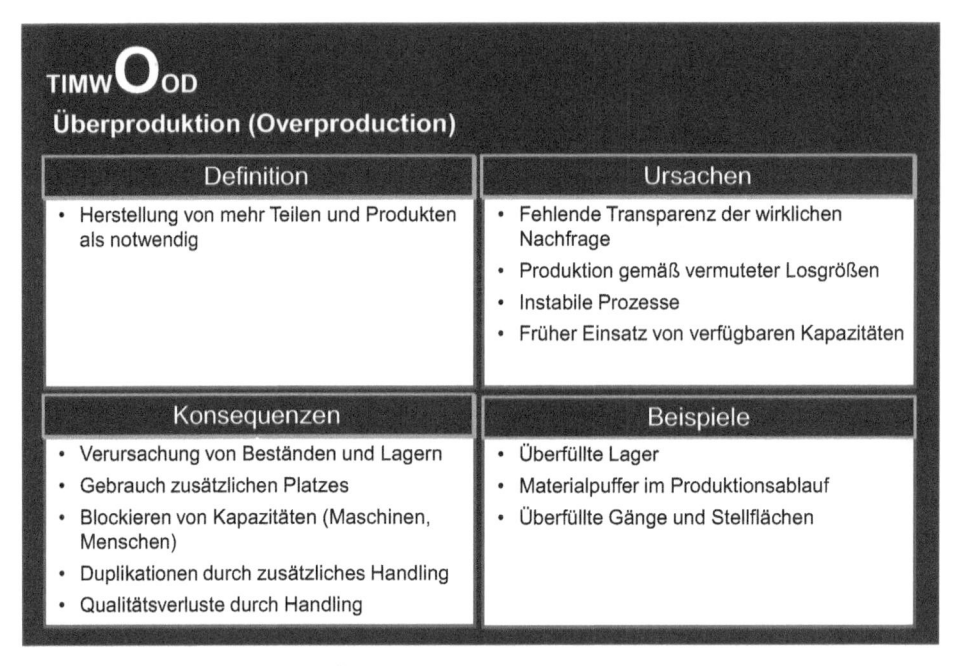

TIMWOOD
Überproduktion (Overproduction)

Definition	Ursachen
• Herstellung von mehr Teilen und Produkten als notwendig	• Fehlende Transparenz der wirklichen Nachfrage • Produktion gemäß vermuteter Losgrößen • Instabile Prozesse • Früher Einsatz von verfügbaren Kapazitäten

Konsequenzen	Beispiele
• Verursachung von Beständen und Lagern • Gebrauch zusätzlichen Platzes • Blockieren von Kapazitäten (Maschinen, Menschen) • Duplikationen durch zusätzliches Handling • Qualitätsverluste durch Handling	• Überfüllte Lager • Materialpuffer im Produktionsablauf • Überfüllte Gänge und Stellflächen

Bild 6.9 Verschwendung durch Überproduktion

6.3.6 Verschwendung durch Überarbeitung und durch überflüssige Prozesse

Überbearbeitung (Bild 6.10) beinhaltet noch benötigte (Extra-)Schritte in einem Produktionsprozess. Es kann sich dabei auch um die Herstellung von Produktion handeln, die eine höhere Qualität haben als benötigt wird. Dies kann durch falsch verwendetes Equipment, Fehler in der Nacharbeit, schlechte Prozessgestaltung oder schlechte Kommunikation entstehen. Häufig entsteht es aber einfach dadurch, dass nicht genau geprüft wird, was der Kunde eigentlich wirklich benötigt.

TIMWO**O**D
Überarbeitung (Overprocessing)

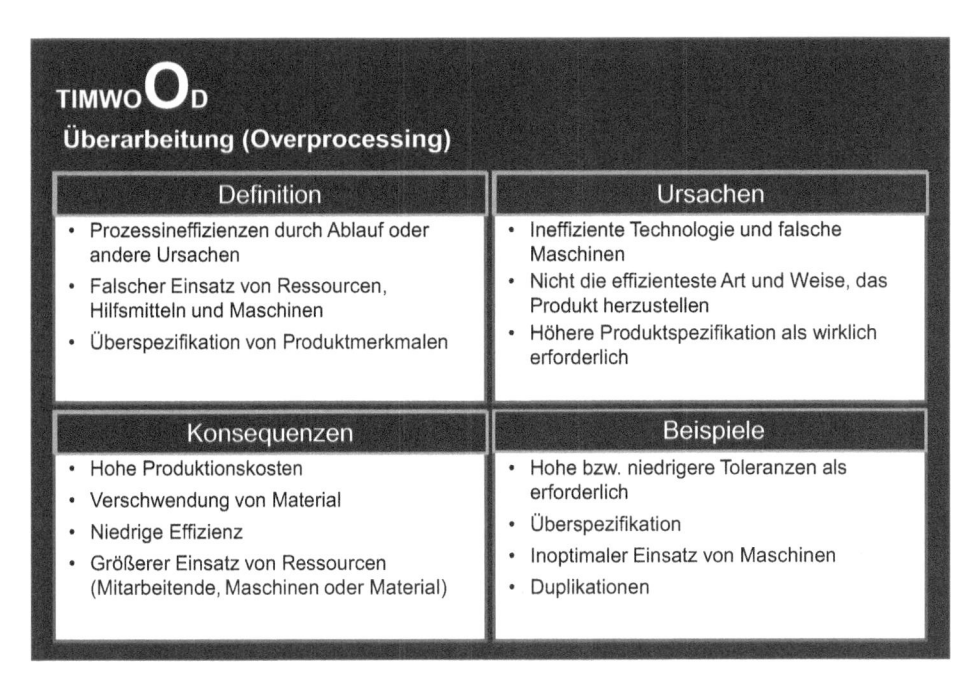

Definition	Ursachen
• Prozessineffizienzen durch Ablauf oder andere Ursachen • Falscher Einsatz von Ressourcen, Hilfsmitteln und Maschinen • Überspezifikation von Produktmerkmalen	• Ineffiziente Technologie und falsche Maschinen • Nicht die effizienteste Art und Weise, das Produkt herzustellen • Höhere Produktspezifikation als wirklich erforderlich

Konsequenzen	Beispiele
• Hohe Produktionskosten • Verschwendung von Material • Niedrige Effizienz • Größerer Einsatz von Ressourcen (Mitarbeitende, Maschinen oder Material)	• Hohe bzw. niedrigere Toleranzen als erforderlich • Überspezifikation • Inoptimaler Einsatz von Maschinen • Duplikationen

Bild 6.10 Verschwendung durch Überarbeitung

6.3.7 Verschwendung durch Defekte

Die in Bild 6.11 gezeigten Mängel bzw. Defekte beziehen sich auf ein Produkt, das von den Standards seines Designs oder von den Erwartungen des Kunden abweicht. Defekte Produkte müssen ersetzt werden, benötigen Papierkram und menschliche Arbeit, um sie zu verarbeiten. Sie könnten möglicherweise Kunden verlieren. Die in das fehlerhafte Produkt eingebrachten Ressourcen werden verschwendet, da das Produkt nicht verwendet wird. Darüber hinaus führt ein fehlerhaftes Produkt zu Abfällen auf anderen Ebenen, die möglicherweise zunächst zu dem Fehler geführt haben. Durch ein effizienteres Produktionssystem werden Fehler reduziert und die Ressourcen erhöht, die erforderlich sind, um sie überhaupt zu beheben. Die Umweltkosten für Mängel sind die verbrauchten Rohstoffe, die fehlerhaften Teile des Produkts, die entsorgt oder recycelt werden müssen (wodurch andere Ressourcen für die Wiederverwendung verschwendet werden) sowie der zusätzliche Platzbedarf und der erhöhte Energieverbrauch bei der Behebung der Mängel.

TIMWOO**D**
Defekte (Defects)

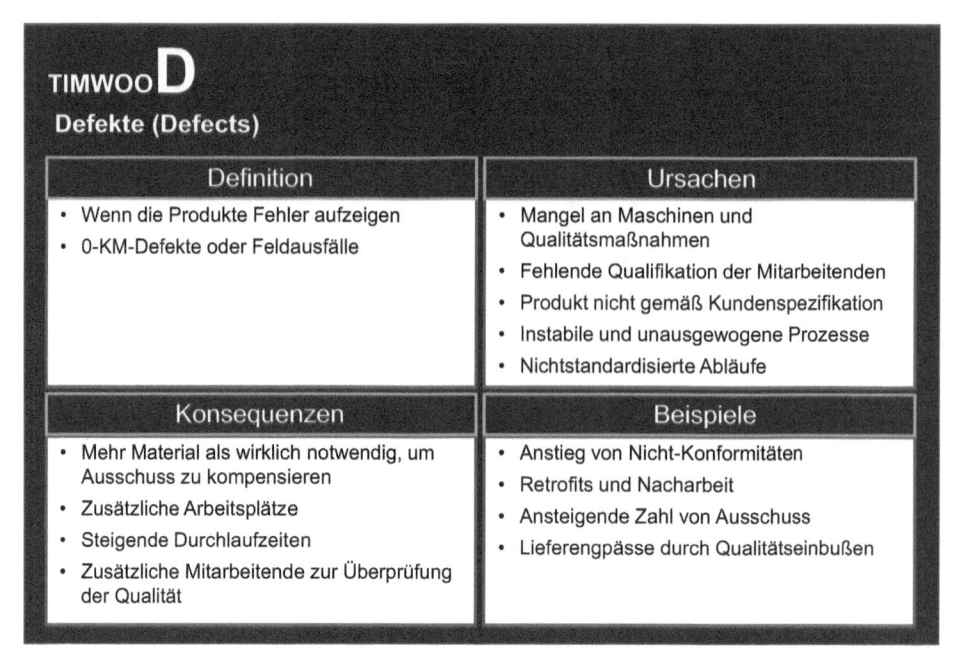

Definition	Ursachen
• Wenn die Produkte Fehler aufzeigen • 0-KM-Defekte oder Feldausfälle	• Mangel an Maschinen und Qualitätsmaßnahmen • Fehlende Qualifikation der Mitarbeitenden • Produkt nicht gemäß Kundenspezifikation • Instabile und unausgewogene Prozesse • Nichtstandardisierte Abläufe

Konsequenzen	Beispiele
• Mehr Material als wirklich notwendig, um Ausschuss zu kompensieren • Zusätzliche Arbeitsplätze • Steigende Durchlaufzeiten • Zusätzliche Mitarbeitende zur Überprüfung der Qualität	• Anstieg von Nicht-Konformitäten • Retrofits und Nacharbeit • Ansteigende Zahl von Ausschuss • Lieferengpässe durch Qualitätseinbußen

Bild 6.11 Verschwendung durch Defekte

> Unternehmen müssen alle Aktivitäten auf Kundennutzen und Wertschöpfung hin ausrichten.

Bild 6.12 zeigt die Reduzierung von Verschwendung in einem japanischen Convenience Store mit Ablauf- und Wegeoptimierung durch das Fließprinzip und mehreren Kassen. Wartezeiten, Bestände oder Überarbeitung werden so vermieden.

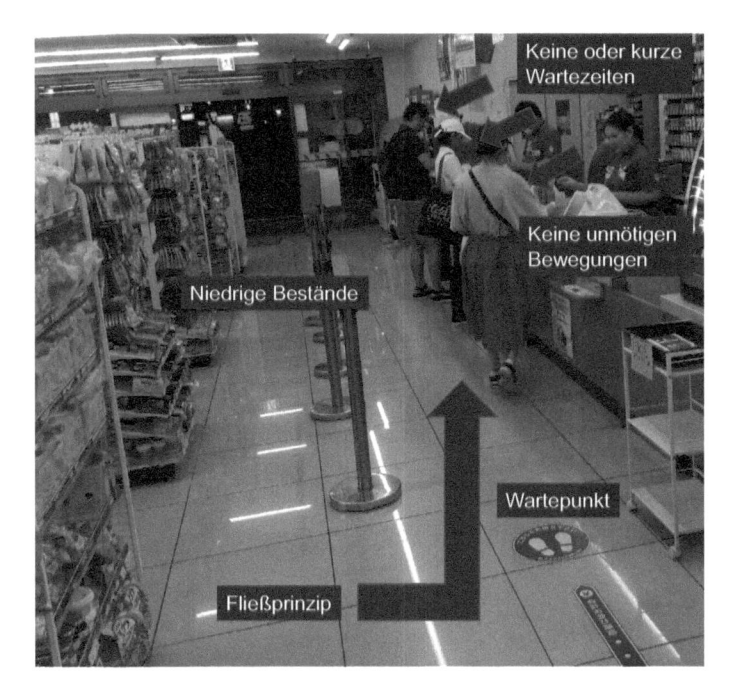

Bild 6.12 Schlanke Prozesse in einem Convenience Store in Japan

Qualitätskultur bei Siemens

Qualitätsmanagement und kontinuierliche Verbesserungen sind einer der Grundpfeiler der Unternehmenskultur bei Siemens. Die Triebfeder dafür liegt in der Exzellenz, einem der drei Unternehmenswerte, die das Unternehmen in der Unternehmensstrategie verankert hat: Menschen, die täglich nach Höchstleistungen streben, exzellente Technologien und Prozesse, die kontinuierlich optimiert werden (Siemens 2021).

All dies setzt eine Qualitätskultur voraus, die den Kunden in den Mittelpunkt stellt und in der „kontinuierliche Verbesserung" höchste Priorität hat. Eine Qualitätskultur lebt von den Menschen, die sie prägen. Die dynamische Basis, um unsere anspruchsvollen Ziele umzusetzen, bilden:

- Führungskräfte, die sich ihrer Qualitätsverantwortung bewusst sind
- Mitarbeitende, die von einem außerordentlichen Qualitätsbewusstsein geprägt sind
- Hoch qualifizierte, verantwortungsvolle Qualitätsmanager
- Exzellente Prozesse rund um das Thema Qualität
- Ein effizientes und effektives Qualitätscontrolling

Die Qualitätsstandards in Prozessen und Projekten werden durch standardisierte Prozesse, präventive Maßnahmen und Quality Gates abgesichert. Quality Gates sind herausgehobene Meilensteine im Prozess- und Projektablauf.

Literatur

BME: (2018) *Bundesverband Materialwirtschaft, Einkauf und Logistik. Mittelstandspreis geht an Jokey*. 10.11.2017. Abgerufen am 18.5.2018. *https://www.bme.de/jokey-group-gewinnt-den-bme-innovationspreis-2017-2330/*.

Dathe, T.; Helmold M.: (2018) *Erfolg im Chinageschäft. Handlungsempfehlungen für kleine und mittlere Unternehmen (KMU)*. Springer, Wiesbaden.

Godeck, M.: (2017) Die 10 wichtigsten Kennzahlen im Einkauf, in: *Technik und Einkauf*. Abgerufen am 1.9.2020. *https://www.technik-einkauf.de/ratgeber/die-wichtigsten-kennzahlen-im-einkauf/*.

Helmold, M.: (2020) *Lean Management and Kaizen. Fundamentals from Cases and Examples in Operations and Supply Chain Management*. Springer, Cham.

Helmold, M.; Terry, B.: (2017) *Global Sourcing und Lean Management in China*. DeGruyter, Berlin.

Hounshell, David A.: (1988) *Organisational Structure. The same old principles in the New Manufacturing*. Harvard Business Review. Retrieved 25.11.2019. *https://hbr.org/1988/11/the-same-old-principles-in-the-new-manufacturing*.

Kalkowsky, M.: (2004) *Nur Porsche hat das Lean Management begriffen: Interview with Prof. D. Jones*. Produktion. 31, 16.

Kleemann, F.C.; Glas, A.H.: (2020) *Einkauf 4.0*. Springer, Wiesbaden.

Koether, R.; Meier, R.: (2020) *Lean Production für die variantenreiche Einzelfertigung. Flexibilität wird zum neuen Standard*. Springer, Wiesbaden.

Kuerble, P.; Helmold, M.; Bode, O.H. et al.: (2016) *Beschaffung-Produktion-Marketing*. Tectum, Marburg.

Liker, J.K.; Choi, T.: (2005) *Fordernde Liebe: Supply Chain Management*. Harvard Business Manager, 03, 60–72.

Siemens: (2021) *Siemens Qualitätsmanagement*. Abgerufen am 8.11.2021. *https://docplayer.org/5543797-Siemens-qualitaetsmanagement.html*.

Slack, N. et al.: (1995) *Operations Management*. Pitman Publishing, London.

7 Prinzipien der schlanken Produktion

◼ 7.1 Null-Fehler-Prinzip, Ziehprinzip, Taktprinzip und Fließprinzip

Die schlanke Produktion (Imai 1986) kombiniert vier Prinzipien: Null-Fehler-Prinzip, Ziehprinzip, Taktprinzip und Fließprinzip wie in Bild 7.1 dargestellt (Helmold & Samara 2019).

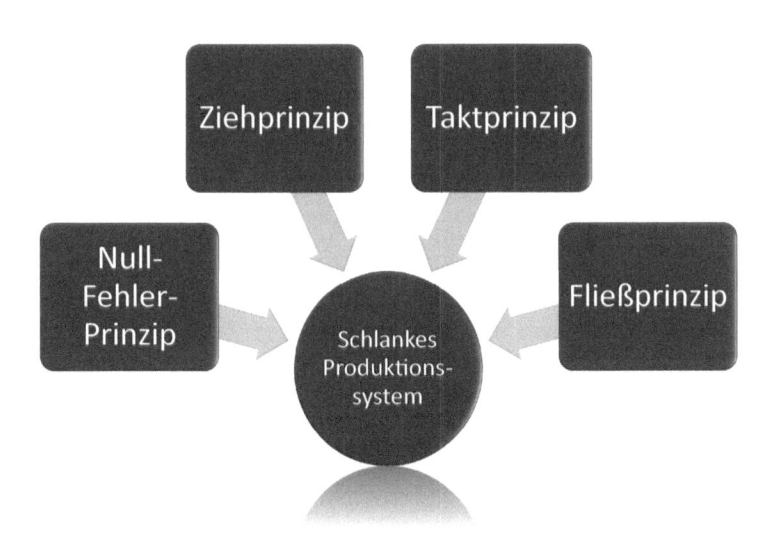

Bild 7.1 Die vier Prinzipien der schlanken Produktion

7.1.1 Null-Fehler-Prinzip

Grundgedanke des Null-Fehler-Prinzips (engl.: Zero Defects Concept) ist, dass es keine akzeptablen Fehlerquoten gibt. Damit entfallen auch Nachbesserungen. Jeder Fehler führt zu Zeit- und Kostennachteilen und muss daher von vorneherein ausgeschlossen werden. Da die Forderung nach Null-Fehler unrealistisch erscheint, soll man sich dem Ziel systematisch nähern. Die Orientierung liefert die Kenngröße Fehler pro Million Möglichkeiten (ppm = parts per million).

Grundlage ist die Schaffung von optimalen Voraussetzungen. Damit eine Arbeit fehlerfrei ausgeführt werden kann, sind geprüfte und hochwertige Materialien, gut funktionierende und gewartete Maschinen sowie qualifiziertes Personal notwendig (Ohno 1990). Das Null-Fehler-Prinzip zielt darauf ab, Menschen zu motivieren, Fehler zu vermeiden. Mitarbeitende sollten den ständigen Wunsch verspüren, ihre Arbeit gleich beim ersten Mal richtig zu machen.

> Das Null-Fehler-Konzept ist mit dem Mindset „es gleich beim ersten Mal richtig zu machen" eng verknüpft. Das vermeidet kostspielige und zeitaufwendige Korrekturen.

In der Realität sind keine Fehler nicht möglich, das Konzept stellt jedoch sicher, dass in einem Projekt kein Abfall vorhanden ist (Helmold & Terry 2016). Abfall bezieht sich auf alle unproduktiven Prozesse, Werkzeuge, Mitarbeitende und so weiter. Alles, was unproduktiv ist und keinen Mehrwert für ein Projekt bietet, sollte beseitigt werden. Die Beseitigung von Abfall führt zu einem Verbesserungsprozess und senkt die Kosten. Das Null-Fehler-Konzept basiert auf vier Hauptelementen:

- Qualität ist ein Zustand der Gewährleistung der Anforderungen. Daher bedeutet Null-Fehler in einem Projekt, dass die Anforderungen zu diesem Zeitpunkt vollständig erfüllt werden.
- Beim ersten Mal richtig machen. Qualität sollte von Anfang an in den Prozess integriert werden, anstatt Probleme zu einem späteren Zeitpunkt zu lösen.
- Qualität wird finanziell gemessen. Man muss Abfall, Produktion und Einnahmen im Hinblick auf die Auswirkungen auf den Haushalt beurteilen.
- Die Leistung sollte nach den anerkannten Standards beurteilt werden, die so perfekt wie möglich sind.

7.1.2 Ziehprinzip

Unter dem Ziehprinzip (Pull-Prinzip, aus dem Engl.: Pull = Ziehen) versteht man, wie eine Produktion gesteuert wird. Man unterscheidet zwischen Push (drücken) oder Pull (Ziehen) (Kürble et al. 2016). Beide Steuerungsarten lassen sich in jeder Firma finden, da eine Art alleine über alle Prozesse hinweg schwer umsetzbar ist. Bei der Pull-Steuerung wird bereits im Vorfeld ein Teil der möglichen Verschwendung ausgeschlossen.

Bei dem Ziehprinzip wird der Bedarf direkt vom internen oder externen Kunden ausgelöst. Die ausgelöste Bestellung geht auf diese Weise rückwärts vom Endkunden bis zum ersten Arbeitsschritt. Jeder Teilprozess bekommt vom Folgeprozess den Auftrag zu produzieren. Der Folgeprozess fordert die notwendigen Teile mittels der in Bild 7.2 dargestellten 5R- oder 7R-Methode an.

> Arbeiten nach der 7R-Methode bedeutet, das richtige Teil in der richtigen Qualität zum richtigen Zeitpunkt in der richtigen Menge am richtigen Ort mit den richtigen Mitarbeitenden und den richtigen Kosten zu liefern.

Ziele (5R und 7R)	Erklärung
1. Das richtige Teil	Notwendiges Teil
2. In der richtigen Zeit	Jetzt
3. Am richtigen Platz	Hier
4. In der richtigen Menge	Ein Teil
5. In der richtigen Qualität	Null Fehler
6. Mit den richtigen Mitarbeitern	Qualifikation
7. Zu den richtigen Kosten	Optimale Kosten

(5R: 1–5; 7R: 1–7)

Bild 7.2 5R- und 7R-Prinzip

In einem Supermarkt nimmt ein Kunde die Produkte aus den Regalen, die er benötigt. Er muss weder warten noch im Vorfeld das jeweilige Produkt beauftragen. Ist der Bestand der Ware im Regal niedrig, füllt ein Mitarbeitender das Regal aus dem Lager wieder auf. Taiichi Ohno, der Erfinder der Ziehmethodik, übertrug den Gedanken vom Supermarkt auf die Produktionssteuerung (Ohno 1990). Auf dieser Grundlage der Fertigungssteuerung setzen dann weitere Optimierungen der Fertigungsprozesse auf. Der Fertigungsverantwortliche orientiert sich hierbei an den sieben Arten der Verschwendung und maximiert den Wertschöpfungsgrad durch das Erreichen einer fließenden Fertigung. Im Optimalfall ist es ein Stück pro Produktionsintervall (EPEI (engl.: every part, every interval).

Kanban (jap.: かんばん oder 看板) gehört zum Ziehprinzip und ist eine Methode der Produktionsprozesssteuerung. Kanban bedeutet „Karte", „Tafel" oder „Beleg" und ist eine Umsetzung des unter den Synonymen Hol-, Zuruf- oder Pull-Prinzip bekannten Steuerungsverfahrens. Das Kanban-Prinzip orientiert sich am tatsächlichen Verbrauch von Arbeitsmaterialien am Bereitstell- und Verbrauchsort. Dadurch werden lokale Bestände von Vorprodukten in und nahe der Produktion reduziert, die dort in Produkten der nächsten Integrationsstufe verbaut werden (Dickmann 2016).

Ziel der Kanban-Methode ist es, die Wertschöpfungskette auf jeder Fertigungs- bzw. Produktionsstufe einer mehrstufigen Integrationskette kostenoptimal zu steuern. Die Entnahmen aus den jeweiligen Pufferlagern und das Nachliefern in denselben Pufferlager erfolgen asynchron. Durch das Verteilen der Pufferlager in der Produktion entlang der Integrationskette wird mit einfachen Mitteln der Information und mit kurzen Wegen des Transports eine einfache Lösung erreicht. Bild 7.3 zeigt ein Beispiel für Kanban-Karten.

Bild 7.3
Kanban-Karte

7.1.3 Fließprinzip

Beim Fließ- oder Flussprinzip muss der Prozess der Fertigungslinie so angeordnet werden, dass ein gleichmäßiges Fließen von Material möglich ist. Es gibt keine Staustufen (Puffer) zwischen den Bearbeitungsschritten. Dadurch wird die Durchlaufzeit verkürzt, Wartezeit, Staus oder Hektik im Prozess werden eliminiert, die Reaktionsgeschwindigkeit im Prozess steigt. Das Layout des Unternehmens richtet sich dabei am Materialfluss aus (Bertagnolli 2020).

Das Fließen des Materials kann beispielsweise linienförmig, U-förmig oder diagonalförmig erfolgen. Für jeden Teiletyp steht dem Arbeiter dabei genau ein Teil (das erste) zur Verfügung. Idealerweise ist die kleinste Front dem Arbeiter zugewandt. Daher nimmt jedes Teil einen minimalen Platz um den Arbeiter herum ein, wodurch der Platzbedarf insgesamt reduziert und die Effizienz erhöht wird. Wenn ein Teil genommen wird, sollte das nächste Teil am Arbeitsplatz angekommen sein.

7.1.4 Taktprinzip

Unter dem Taktprinzip versteht man die Herstellung von Produkten im Takt. Die Taktzeit gibt die maximale Zeit vor, in der ein Teil produziert werden muss. Unterschieden wird dabei zwischen Kunden- und Produktionstakt. Der Kundentakt ist nach dem Kunden ausgerichtet. Bild 7.4 zeigt den Produktionsfluss der BMW AG in Berlin. BMW produziert nach dem einem „bedarfsorientierten Bestellsystem", also nur nach Kundenbestellung. Im Werk in Berlin wird das Taktprinzip neben den anderen Prinzipien von Lean Management angewandt.

Bild 7.4
Produktionsfluss der BMW AG

■ 7.2 Gemba (現場), Genjitsu (現実), Genchi (現地) und Gembutso (現物)

Im Lean Management gibt es vier wichtige Begriffe, die ebenfalls zu den Grundlagen einer schlanken Produktion gehören. Best-in-Class-Unternehmen wie Toyota, Porsche oder Tesla arbeiten nach den Prinzipien Gemba (現場), Genjitsu (現実), Genchi (現地) und Gembutso (現物):

- Der Begriff „Gemba" bedeutet „Ort des Geschehens". Mit Gemba bezeichnet man den Arbeitsplatz im Sinne des Ortes, an dem wertschöpfende Prozesse im Unternehmen stattfinden und an dem die Probleme entstehen, z. B. am Arbeitsplatz in der Fertigung. Gemba wird oft in Verbindung mit Lean Management angesprochen und entstammt der japanischen Begriffssammlung aus dem Lean Management.

- Genjitsu bedeutet „die richtigen Fakten". Nur mit richtigen Fakten, die auf stabilen Daten einer soliden Leistungsdatenerhebung beruhen, lassen sich nachhaltige Verbesserungen erzielen.
- Genchi und Gembutso bedeuten, vereinfacht gesagt, „Komm schneller zum Kern! Orientiere dich nicht am Hörensagen."

Viele Unternehmen, so die Meinung der Anwender des Toyota Systems, verbringen zu wenig Zeit mit der Formulierung des Problems und zu viel Zeit mit seiner Lösung. Der umgekehrte Weg ist der richtige.

> Zentrale Fragestellung: Warum liegen die richtigen Teile *nicht* am richtigen Ort (innerhalb des Lieferanten oder zum eigenen Unternehmen), und das *nicht* zum richtigen Zeitpunkt in der richtigen Menge und Qualität?

Bild 7.5 zeigt die Fertigungslinie von Generatoren bei Mitsubishi Heavy Industries in Osaka, Japan. Diese Generatoren werden in den Shinkanzen Hochgeschwindigkeitszug verbaut.

Bild 7.5 Produktion Antriebsmodule bei Mitsubishi

> Lean Management bedeutet immer, sich an den Platz des realen Geschehens zu begeben und sich ein eigenes Bild zu machen.

Literatur

Bertagnolli, F.: (2020) *Lean Management. Einführung und Vertiefung in die japanische Management-Philosophie*. 2. Auflage. Springer, Wiesbaden.

Elis, V.: (2009) Von Amerika nach Japan – und zurück. Die historischen Wurzeln und Transformationen des Toyotismus, in: *Zeithistorische Forschungen/Studies in Contemporary History*, Online-Ausgabe, 6 (2009). Abgerufen am 6.8.2020. *https://zeithistorische-forschungen.de/2-2009/4462*.

Fiordelisi, F.; Renneboog, L.; Ricci, O. et al.: (2019) *Creative corporate culture and innovation*. Journal of International Financial Markets, Institutions and Money, 63.

Helmold, M.: (2021) *Kaizen, Lean Management und Digitalisierung. Mit den japanischen Konzepten Wettbewerbsvorteile für das Unternehmen erzielen*. Springer, Heidelberg.

Helmold, M.; Terry, B.: (2016) *Global Sourcing and Supply Management Excellence in China. Procurement Guide for Supply Experts*. Springer, Singapore.

Helmold, M.; Terry, B.: (2021) *Operations and Supply Management 4.0. Industry Insights, Case Studies and Best Practices*. Springer, Heidelberg.

Hounshell, David A.: (1988) *Organisational Structure. The same old principles in the New Manufacturing*. Harvard Business Review. Retrieved 25.11.2019. *https://hbr.org/1988/11/the-same-old-principles-in-the-new-manufacturing*.

James R.; Lincoln, M. L.; Takahashi, G. et al.: (1997) *Keiretsu Networks in the Japanese Economy: An Analysis of Intercorporate Ties*. American Sociological Review. 57 (5), 561–585.

Kalkowsky, M.: (2004) *Nur Porsche hat das Lean Management begriffen: Interview with Prof. D. Jones*. Produktion. 31, 16.

Liker, J. K.: (2020) *The Toyota Way. The Toyota Way: 14 Management Principles from the World's Greatest Manufacturer*. 2nd Ed. McGraw-Hill, Madison.

Meyer, P.: (2021) *Business Management. Toyota's Organizational Culture Characteristics: An Analysis*. Panmore Institute. Retrieved 7.11.2021. *http://panmore.com/toyota-organizational-culture-characteristics-analysis*.

Nakano, M.: (2020) *Supply Chain Management. Strategy and Organization*. Springer, Cham.

Ohno, T.: (1990) *Toyota Production System. Beyond large Scale Production*. Productivity Press, New York.

Sinha, N.; Matharu, M.: (2019) *A comprehensive insight into Lean management: Literature review and trends*. Journal of Industrial Engineering and Management. Vol 12, No 2.

Slack, N.; Brandon-Jones, B. A.: (2021) *Slack: Operations and Process Management. Principles and Practice for strategic Impact*. 6th Ed. Pearson, London.

Srai, J. S.; Gregory, M. F.: (2008) *A supply network configuration perspective on international supply chain development*. International Journal of Operations & Production Management. 28 (5), 386–411.

Thiele, K. O.: (2018) National culture and organizational culture in Japan, in: *The Views of Japanese Employees on Cross-Border M&As* (pp. 73–113). Springer Gabler, Wiesbaden.

Womack, J. P.; Jones, D. T. et al.: (1990) *The Machine That Changed the World: The Story of Lean Production*. National Bestseller.

Womack, J. P.; Jones, D. T.: (2003) *Lean Thinking: Banish Waste And Create Wealth In Your Corporation*. Simon & Schuster, Sydney.

8 Änderungsmanagement als Teil von Lean Management – Henkou Kanri (変更管理)

8.1 Definition und Gegenstand

Veränderungen bestimmen zunehmend die alltäglichen Geschäfte und Aktivitäten von Unternehmen. In der Literatur gefundene Synonyme für den Terminus Änderungsmanagement sind Business Process Reengineering, Turnaround Management, Transformationsmanagement, Change Management, Innovationsmanagement oder Total Quality Management (Vahs 2019).

Die japanische Bedeutung von Change Management ist Henkou Kanri (変更管理) und kann mit „Änderung, Modifikation oder Änderung" übersetzt werden. In den 1980er und 1990er-Jahren wurden japanische Managementprinzipien erfolgreich in Unternehmen auf der ganzen Welt implementiert. Unternehmen wie Toyota, Sony oder Panasonic hatten Produktivitäts- und Effizienzvorteile gegenüber westlich geführten Unternehmen um mehr als 40 bis 60 %. Das in den 1980er und 1990er-Jahren vorherrschende System japanischer Prägung wurde nicht in einem so überwältigenden und positiven Kontext diskutiert, da japanische Unternehmen aufgrund der anhaltenden Wirtschaftskrise unter Umsatzeinbrüchen litten (Sato & Parry 2013).

Unter Change Management (Veränderungsmanagement) lassen sich alle Aufgaben, Maßnahmen und Tätigkeiten zusammenfassen, die eine umfassende, bereichsübergreifende und inhaltlich weitreichende Veränderung zur Umsetzung neuer Strategien, Strukturen, Systeme, Prozesse oder Verhaltensweisen in einer Organisation bewirken sollen. Change Management muss von der Führung initiiert und unterstützt werden, um einen langfristigen Unternehmenserfolg zu erwirken (Helmold & Terry 2021).

Das Änderungsmanagement umfasst die Definition von einer neuen Mission und Vision sowie die Implementierung neuer Strategien, Strukturen, Systeme, Prozesse und Verhaltensweisen in einer Organisation.

Das Ziel des Wandels ist es, durch den Wandel zu einem innovativen und schlanken Unternehmen eine langfristig günstige Position auf dem Markt zu erreichen und einen nachhaltigen Wettbewerbsvorteil zu erzielen.

Um Veränderungen optimal zu managen, sind spezielle Change-Management-Techniken erforderlich, die unter dem Begriff Änderungsmanagement (Lauer 2019; 2020) zusammengefasst werden können. Der menschliche Faktor steht bei allen Überlegungen im Vordergrund, da die Umsetzung von Veränderungen von der aktiven Unterstützung der Mitarbeitenden abhängt.

Da jeder seine eigenen Bedürfnisse, Ideen und Erfahrungen hat, von denen einige nicht der offiziellen Unternehmensorganisation entsprechen, kann es kein einfaches Rezept für den erfolgreichen Umgang mit Veränderungen geben. Es ist vielmehr ein komplexer Prozess, der an drei Punkten beginnen muss: der Organisation und den betroffenen Personen, den Unternehmensstrukturen und der Unternehmenskultur (Lauer 2019). Ein weiteres wichtiges Element im Kontext ist der technologische Faktor, einschließlich Systeme, Routinen, Methoden und Instrumente (Helmold & Samara 2020).

Bild 8.1 fasst die Elemente des Change Managements zusammen (Helmold & Terry 2021).

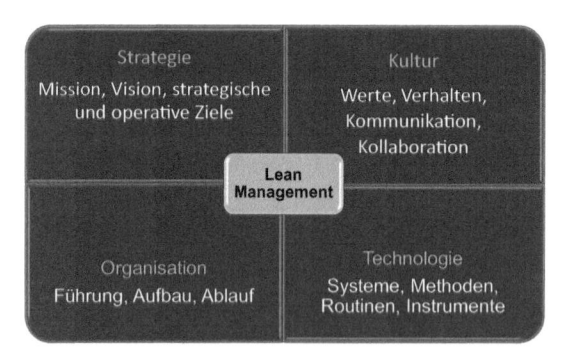

Bild 8.1
Elemente des Änderungsmanagements

8.2 Exogene und Endogene Ursachen für Veränderungen

Die Notwendigkeit einer unternehmerischen Veränderung kann sowohl extern als auch intern verursacht werden. Extern sehen sich Unternehmen einem immer dynamischeren Umfeld gegenüber, das eine ständige Anpassung der eigenen Strukturen erfordert, wenn sie im Vertrieb und auch in den vorgelagerten Beschaffungsmärkten erfolgreich sein wollen. Die externe Veränderung wird durch das Marktumfeld, Politik, Technologie, Ökologie, die Gesamtwirtschaft oder Institutionen sowie in den Märkten selbst verursacht, beispielsweise durch zunehmenden Wettbewerb.

Um den inneren Wandel zu erklären, wird die Metapher der menschlichen Entwicklung verwendet, die – wie die Unternehmensentwicklung – durch eine Abfolge von Wachstum, Krise und höherer Reife gekennzeichnet ist. Für den unternehmerischen Wandel gibt es sogenannte Lebenszyklusmodelle, die die typischen Entwicklungsphasen beispielhaft darstellen. Bild 8.2 skizziert Auslöser für Veränderungen von außen (exogene Auslöser) und innerhalb der Organisation (endogene Auslöser). Als exogene Auslöser können staatliche Vorgaben, neue Gesetze, Verordnungen, wirtschaftliche Auswirkungen, Wettbewerbsgründe, Marktentwicklungen, Innovationen oder der Einfluss durch Beratungsunternehmen bezeichnet werden. Endogene Trigger werden durch interne Stakeholder wie Management, Belegschaft, Aktionäre, Banken, Investoren oder Kunden verursacht.

Exogene Ursachen	Endogene Ursachen
• Staatliche Gründe • Gesetze und Richtlinien • Wirtschaftliche Auswirkungen • Wettbewerb • Marktentwicklungen • Innovationen • Megatrends • Gesellschaft	• Unternehmensführung • Stakeholder • Mitarbeitende • Banken und Investoren • Kunden • Produktion • Umstrukturierung • Neuausrichtung • Diversifikation

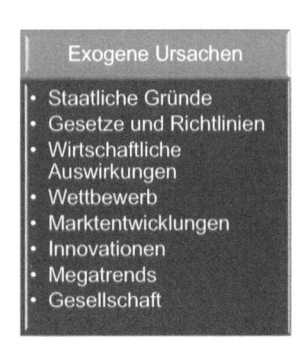

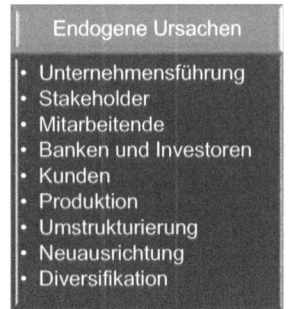

Bild 8.2 Exogene und endogene Ursachen für Veränderungen

■ 8.3 Kotters 8-Phasen-Modell

Megatrends, die COVID-19-Pandemie oder neue gesellschaftliche Entwicklungen zeigen, dass Unternehmen sich immer wieder neu erfinden müssen, um im heutigen von Komplexität, Unsicherheit und Volatilität geprägten Marktumfeld langfristig bestehen zu können. Dies betrifft die Entwicklung neuer Produkte und Dienstleistungen ebenso wie die Entwicklung alternativer Geschäftsmodelle und die Anpassung der Unternehmenskultur. Eine strategische Neuausrichtung ist jedoch alles andere als ein leichtes Unterfangen und trifft innerhalb der Belegschaft meist unweigerlich auf Widerstand. Scheu vor Veränderungen und die Angst, den Herausforderungen nicht gewachsen zu sein, sind weitverbreitet und nur allzu menschlich. Um alle Mitarbeitende auf eine neue Linie einschwören zu können, ist ein effektives Change Management daher unabdingbar.

Change Management ist stets auf den Menschen fokussiert und zielt darauf ab, Veränderungen umfassend, reibungslos und dauerhaft umzusetzen. Aber wie lässt sich dies in der Praxis konkret bewerkstelligen? Es gibt inzwischen eine ganze Reihe von Change Management-Theorien, die jedoch mehrheitlich ihren Ursprung in den Arbeiten von John P. Kotter haben – emeritierter Harvard Business School Professor und Vordenker in Bezug auf Change Management und Leadership. In seinem wegweisenden Buch „Leading Change" entwickelte Kotter 1996 sein 8-Stufen-Modell für erfolgreichen organisatorischen Wandel, das er seither stetig weiter verfeinert hat und das heute von vielen Unternehmensberatungen eingesetzt wird.

Das 8-Stufen-Modell stellt einen ganzheitlichen Ansatz für die Umsetzung tiefgreifenden und nachhaltigen Wandels dar (Bild 8.3). Kotter weist darauf hin, dass alle acht Stufen komplett und in der vorgegebenen Reihenfolge durchlaufen werden müssen: „Das Überspringen einzelner Schritte schafft lediglich die Illusion von raschem Fortschritt und führt nie zu einem befriedigenden Resultat" (1997). Die acht Schritte lassen sich in drei Phasen einteilen: das Schaffen eines Klimas für Veränderungen (Schritte 1 bis 3), die Einbindung und das Empowerment der gesamten Organisation (Schritte 4 bis 6) und die nachhaltige Umsetzung des Wandels (Schritte 7 bis 8).

1. Ein Gefühl der Dringlichkeit zum Lean Management erzeugen
2. Eine Führungskoalition zum Lean Management aufbauen
3. Eine Vision des schlanken Wandels definieren
4. Die Vision des Wandels kommunizieren
5. Hindernisse und Barrieren aus dem Weg räumen
6. Kurzfristige Ziele festsetzen und Erfolge generieren
7. Kurz-, mittel- und langfristige Ziele konsolidieren
8. Veränderungen zum schlanken Unternehmen in der Unternehmenskultur verankern

Lean-Management-Strategie (Änderungsmanagement)

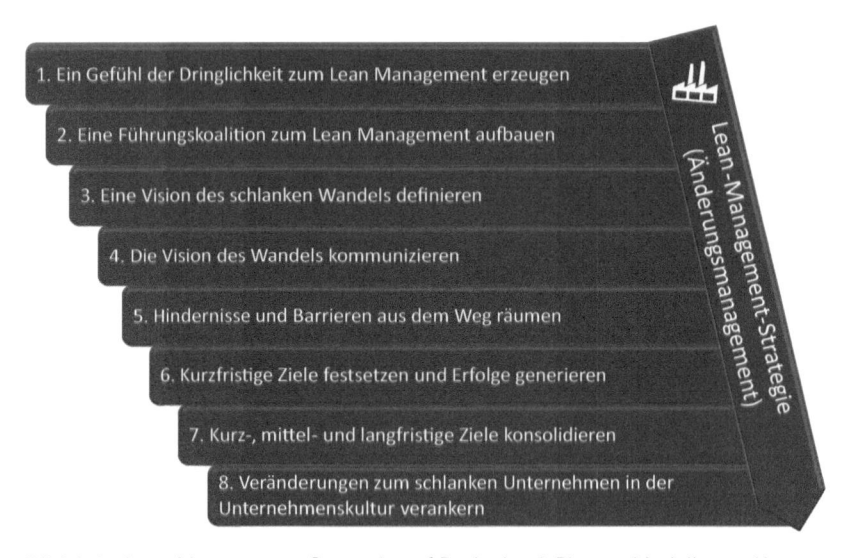

Bild 8.3 Lean-Management-Strategie auf Basis des 8-Phasen-Modells von Kotter

8.3.1 Schritt 1: Ein Gefühl der Dringlichkeit zum Lean Management erzeugen

Grundvoraussetzung für die erfolgreiche Umsetzung von Transformationsvorhaben ist, dass die Mehrheit der Mitarbeitenden hinter den angestrebten Veränderungen steht und diese aktiv unterstützt. Daher sollte der erste Schritt des Change Managements stets darin bestehen, Mitarbeitende von der Notwendigkeit und Dringlichkeit der Veränderungen zu überzeugen.

Das ist alles andere als eine leichte Aufgabe. Dies gilt umso mehr für Unternehmen, die in der Vergangenheit sehr erfolgreich waren. Denn Selbstgefälligkeit ist einer der größten Hemmschuhe für Wandel.

Kotter warnt aber auch vor falsch verstandener Dringlichkeit, die aus Angst oder Wut herrührt und sich in unkoordiniertem Aktionismus zeigt. Worauf es ankommt, ist vielmehr, sich auf das Wesentliche zu konzentrieren, und zwar kontinuierlich, jeden Tag aufs Neue. Dringlichkeit ist damit nicht nur der Zünder, sondern auch der Motor von Transformationsprozessen.

Um ein Gefühl für Dringlichkeit unter den Mitarbeitenden zu erzeugen, empfiehlt Kotter, ihnen die potenziellen Chancen und Risiken, die sich aus dem Unternehmensumfeld ergeben, aufzuzeigen. Dabei sollte nicht nur an den Verstand der Mitarbeitenden, sondern vor allem auch an deren Emotionen appelliert werden. „Sehen-Fühlen-Verändern", so lautet Kotters Motto. Hierzu kann es hilfreich sein, Außenstehende, wie Unternehmensberatungen, Investoren oder Kunden, hinzuzuziehen, die den Mitarbeitenden dabei helfen, die Dinge aus einem anderen Blickwinkel zu betrachten.

8.3.2 Schritt 2: Eine Führungskoalition zum Lean Management aufbauen

Der nächste wichtige Schritt für die erfolgreiche Implementierung von Change-Initiativen ist die Zusammenstellung einer starken Führungskoalition, welche die gesamte Organisation repräsentiert. Um effektiv agieren zu können, sollte dieses Team über ausreichend Machtbefugnisse, Glaubwürdigkeit, Sachkenntnis und Führungsqualitäten verfügen und gemeinsame Ziele innerhalb des Veränderungsprozesses verfolgen. Gegenseitiges Vertrauen der Teammitglieder untereinander ist ebenfalls ein entscheidender Erfolgsfaktor. Dieses lässt sich beispielsweise durch regelmäßige Off-Site-Aktivitäten stärken.

8.3.3 Schritt 3: Eine Vision des schlanken Wandels entwickeln

Aufgabe des Führungsteams ist es nun, eine Vision für die Zukunft zu entwickeln. Eine klar formulierte Vision erfüllt nach Kotter drei wichtige Funktionen:

- Sie dient als Entscheidungsgrundlage Sie motiviert Menschen in die richtige Richtung aktiv zu werden, selbst wenn die ersten Schritte dorthin beschwerlich sind, und Sie hilft, die Handlungen der einzelnen Abteilungen und Mitarbeitende schnell und effizient zu koordinieren.
- Die Vision wirkt sinnstiftend auf Mitarbeitende und ist sozusagen der „Klebstoff, der alles zusammenhält". Kotter macht sechs Schlüsselmerkmale effektiver Visionen aus:
  - *Vorstellbar:* Sie erzeugen ein klares Bild, wie die Zukunft aussehen wird.
  - *Erstrebenswert:* Sie sprechen die langfristigen Interessen aller Beteiligten an.
  - *Machbar:* Sie enthalten realistische und erreichbare Ziele.
  - *Fokussiert:* Sie sind klar genug formuliert, um als Entscheidungshilfe zu dienen.
  - *Flexibel:* Sie ermöglichen individuellen Einsatz und alternatives Handeln, wenn sich die Gegebenheiten verändern.
  - *Vermittelbar:* Sie sind leicht zu kommunizieren und schnell zu erklären.

8.3.4 Schritt 4: Die Vision des Wandels kommunizieren

Als Nächstes gilt es, die im vorangegangenen Schritt entwickelte Vision in der gesamten Organisation zu verbreiten, mit dem Ziel, die Akzeptanz und das Engagement der Mitarbeitenden zu gewinnen. Der Aufwand, der hierfür nötig ist, wird von den meisten Unternehmen völlig unterschätzt, so Kotter. Er rät dazu, die Botschaft auf allen zur Verfügung stehenden Kommunikationskanälen kontinuierlich zu propagieren und bezüglich der Methodenauswahl eine gewisse Experimentierfreude an den Tag zu legen. Storytelling beispielsweise, ist eine exzellente Art, einer Vision Leben einzuhauchen und diese für jedermann begreiflich zu machen.

Den Worten müssen allerdings auch Taten folgen. Die Führungskoalition sollte daher stets mit gutem Beispiel vorangehen und ihre Verhaltensweisen entsprechend der neuen Vision und Strategie anpassen. Dadurch wird mögliches Misstrauen abgebaut und die Motivation und Kooperationsbereitschaft der Mitarbeitenden gefördert.

8.3.5 Schritt 5: Hindernisse und Barrieren aus dem Weg räumen

Akzeptanz und Veränderungswille innerhalb der Belegschaft allein reichen jedoch nicht aus, um Wandel erfolgreich voranzutreiben. Es müssen auch die innerbetrieblichen Strukturen und Systeme an die Anforderungen der neuen Vision und Strategie angepasst werden, um Mitarbeitende handlungsfähig zu machen. Neben den Personalsystemen spielen hierbei insbesondere die Informationssysteme eine wichtige Rolle, wie Kotter betont. Der Zugriff zu aktuellen Wettbewerbs- und Marktinformationen und der reibungslose abteilungsübergreifende Informationsaustausch sind Voraussetzung dafür, dass Mitarbeitende ihre Arbeit so effizient wie möglich erledigen können.

8.3.6 Schritt 6: Kurzfristige Ziele festsetzen und Erfolge generieren

Große, langfristig angelegte Veränderungsprojekte verlieren häufig schon im Anfangsstadium an Fahrt. Um die Motivation und das Bewusstsein für Dringlichkeit aller Beteiligten aufrecht zu halten, sollten daher kurzfristige Ziele geplant und bei Erreichen entsprechend gewürdigt werden. Schnelle Erfolge haben zudem den positiven Effekt, dass sie Kritikern und Zynikern den Wind aus den Segeln nehmen. Studien zeigen, dass Unternehmen, die signifikante kurzfristige Erfolge einfahren, mit deutlich höherer Wahrscheinlichkeit den Transformationsprozess erfolgreich zum Abschluss bringen.

8.3.7 Schritt 7: Kurz-, mittel- und langfristige Ziele konsolidieren

Kurzfristige Erfolge sollten jedoch in keinem Fall dazu verleiten, sich auf den gewonnenen Lorbeeren auszuruhen oder gar frühzeitig das gesamte Vorhaben als Erfolg zu verbuchen. Es gilt vielmehr, die durch die kurzfristigen Erfolge geschaffene Glaubwürdigkeit nun gezielt zu nutzen, um weitere und größere Veränderungsprojekte in Angriff zu nehmen. Zu diesem Zweck sollten weitere Personengruppen in den Veränderungsprozess involviert werden. Gleichzeitig sollte die Führungskoalition dafür Sorge tragen, die Dringlichkeit, Transparenz und den Fokus aufrechtzuhalten.

8.3.8 Schritt 8: Veränderungen zum schlanken Unternehmen in der Unternehmenskultur verankern

Zu guter Letzt müssen die neuen Verhaltensnormen und gemeinsame Werte tief in der Unternehmenskultur verankert werden. Anderenfalls besteht die Gefahr, dass sie wieder verloren gehen, sobald der Änderungsdruck abnimmt. Um Nachhaltigkeit zu bewirken, empfiehlt Kotter, regelmäßig zu kommunizieren, wie die neuen Ansätze, Verhaltensweise und Einstellungen die Gesamtperformance des Unternehmens beeinflusst haben. Darüber hinaus sollte sichergestellt werden, dass neue Mitarbeitende und aufstrebende Führungskräfte an die neue Ausrichtung glauben und diese nach außen hin verkörpern.

Tiefgreifende Transformationsprozesse verlangen Unternehmen viel ab. Kotters 8-Stufen-Modell bietet eine solide Checkliste für die meisten Dinge, die es während eines solchen Prozesses zu beachten gilt. Wichtige Voraussetzungen für jeden einzelnen Schritt sind dabei die Steuerung durch erstklassige Führungskräfte, ein Gefühl für Dringlichkeit, offener Informationsaustausch und die fortlaufende Kommunikation auf allen Ebenen. Zu den letzteren beiden kann Spezialsoftware wie die Solyp Strategie-Plattform einen wichtigen Beitrag leisten, indem sie alle relevanten Informationen zentral bündelt und zugänglich macht.

> **Änderungsmanagement als Teil der Unternehmenskultur bei BMW**
>
> „Nach Innovation, nach Neuem und Besserem zu streben, ist tief in der Unternehmenskultur der BMW Group verankert – im Denken aller Kollegen, in unseren Prozessen und auch im Selbstverständnis unserer Konzernmarken. Was aber macht unsere Unternehmenskultur so einzigartig? Unsere Leidenschaft und der Antrieb, die individuelle und nachhaltige Mobilität der Zukunft zu gestalten! Wer Tag für Tag Großes auf den Weg bringt, hat nicht einfach nur einen Beruf – sondern eine Berufung. Egal, ob Forschung, Entwicklung, Marketing oder Produktion – bei der BMW Group ist Teamwork gefragt, wenn es darum geht, die Mobilität der Zukunft zu gestalten. Bereichsübergreifend und über jegliche Hierarchien hinweg leben wir Vertrauen und Wertschätzung. Denn wir wissen: Wegweisende Innovationen und einzigartige Produkte können nur in einer besonderen Unternehmenskultur entstehen. Und Leidenschaft bedeutet vor allem: Freude. Denn Freude am Fahren ist das Ergebnis der Freude an der Arbeit, die uns Tag für Tag aufs Neue zu Höchstleistungen anspornt." (*https://www.bmwgroup.jobs/de/de/ueber-uns/unternehmenskultur.html*)

Literatur

Helmold, M.: (2020) *Lean Management and Kaizen. Fundamentals from Cases and Examples in Operations and Supply Chain Management.* Springer, Cham.

Hiatt, J.: (2006) *DKAR: A Model for Change in Business, Government and Our Community.* Prosci Learning Center Publications, New York.

Hilsenbeck, T.: (2004) *Verhandeln. Handbuch von Dr. Thomas Hilsenbeck.* Retrieved 30.5.2018. http://www.thomas-hilsenbeck.de/wp-content/uploads/Dr-Th-Hilsenbeck-Handbuch-Verhandeln-Vers-5_0.pdf.

Kotter, J.P.: (1996) *Leading change.* Harvard Business School Press, Boston.

Kotter, J.P.: (1997) *Chaos, Wandel, Führung: Leading Change.* Econ-Verlag, Düsseldorf.

Kotter, J.P.: (2012) *Leading Change.* Harvard Business Press, Harvard.

Kübler-Ross, E.; Kessler, D.: (2005) *On Grief and Grieving: Finding the Meaning of Grief Through the Five Stages of Loss.* Scribner, New York.

Lauer, T.: (2019) *Change Management. Der Weg zum Ziel.* Springer, Wiesbaden.

Lauer, T.: (2020) *Change Management. Fundamentals and Success Factors.* Springer, Cham.

McKinsey: (2020) *7-S-Framework.* Retrieved 21.8.2020. https://www.mckinsey.com/business-functions/strategy-and-corporate-finance/our-insights/enduring-ideas-the-7-s-framework.

Vahs, D.: (2019) *Organisation: Ein Lehr- und Managementbuch.* Schäfer Poeschel, Stuttgart.

Volk, H.: (2018) Emotionale Dynamik eines Gesprächs verstehen. Was den alltäglichen Wortwechsel entgleiten lässt, in: *Beschaffung aktuell.* 06.2018, 70–71.

9 Qualitätsmanagementsysteme (QMS) als Teil des Lean Management

■ 9.1 Gegenstand von Qualitätsmanagementsystemen

Qualitätsmanagementsysteme stellen sicher, dass die Systemqualität, Prozessqualität und die Produktqualität in einer Organisation geprüft und verbessert werden. Ziel eines Qualitätsmanagementsystems ist eine dauerhafte Verbesserung der Unternehmensleistung. Das System ist dabei grundsätzlich anwendbar auf alle Branchen, Unternehmensgrößen und -strukturen. Das System beschreibt die Methodik und liefert das Handwerkzeug, nach dem Mitarbeitende im Qualitätsmanagement eines speziellen Unternehmens dann ihre individuellen Verfahren zur Sicherung und Verbesserung der Qualität ausrichten.

■ 9.2 Gegenstand von Audits

9.2.1 Arten der Audits

Ein Audit ist eine systematische und strukturierte Bewertung eines Systems, Prozesses, Produkts oder anderen Bereichs mit dem Ziel, Abweichungen vom Sollzustand zu identifizieren. Audits können intern oder extern durchgeführt werden und basieren auf standardisierte Auditfragen und Auditchecklisten. Audits sollen so zu stetigen Verbesserungen führen und sind ein fundamentaler Bestandteil in jedem Lean Management System. Als Ergebnis eines Audits werden Handlungsbedarfe und Korrekturmaßnahmen (engl.: Corrective Action Requests; CARs; Open Items = Offene Punkte) identifiziert und in einem terminierten Aktionsplan festgeschrieben. Welche Art von Audit zum Einsatz kommt, hängt von der Art der Ziele ab, die ein Unternehmen als „erreicht" festgestellt haben möchte. Will es – eventuell im Zuge der Vorbereitung auf eine Zertifizierung – wissen, auf welchem

Stand es sich in Bezug auf die Erfüllung der jeweiligen Normforderungen befindet, wird es zunächst interne Audits durchführen, danach kann (optional) ein Vor-Audit durch die Zertifizierungsgesellschaft erfolgen; hierbei würde deutlich, ob das betreffende Managementsystem bereits reif für ein Zertifizierungs-Audit ist, das dann letztendlich über eine Zertifizierung entscheidet. Der Vollständigkeit halber sei erwähnt, dass zwischen der Erteilung eines Zertifikats und dem drei Jahre später folgenden Audit zur Rezertifizierung noch zwei jährliche Überwachungs-Audits anstehen. Tabelle 9.1 zeigt die fünf Auditarten und ihre jeweilige Beschreibung.

Tabelle 9.1 Auditarten

Nr.	Auditart	Beschreibung
1.	Systemaudit	Bewertung eines Qualitätsmanagementsystems
2.	Prozessaudit	Bewertung des Prozessablaufs
3.	Produktaudit	Bewertung von Produktmerkmalen
4.	5S-Audits	Bewertung der 5S-Elemente
5.	Andere Audits	z. B. Umwelt- oder Finanzaudits

9.2.2 Systemaudits

Die Auditierung eines Managementsystems, z. B. nach DIN EN ISO 9001:2015, wird als Systemaudit bezeichnet. Dies kann auch eine Kombination aus mehreren Managementsystemen wie z. B. Umwelt, Qualität und Arbeitssicherheit sein, die dann als ein Integriertes Managementsystem bezeichnet werden. DIN EN ISO 9001 legt die Mindestanforderungen an ein Qualitätsmanagementsystem für die Herstellung von Produkten oder Dienstleistungen (QM-System; QMS) fest, denen eine Organisation zu genügen hat, um Produkte und Dienstleistungen bereitstellen zu können, welche die Kundenerwartungen sowie gesetzliche und behördliche Anforderungen erfüllen. Zugleich soll das Managementsystem einem stetigen Verbesserungsprozess unterliegen. Außerdem fordert die Norm einen verstärkt risikobasierten Ansatz.

Die aktuelle Version der ISO 9001 wurde letztmals im Jahr 2015 überarbeitet. Aufbauend auf der EN ISO 9001 existiert für die Serienfertigung der Automobilindustrie die IATF 16949. Verglichen mit der EN ISO 9001 stellt sie weitergehende Anforderungen an das Qualitätsmanagementsystem. Der Grundgedanke der ISO 9001:2015 ist, dass Unternehmen für einen langfristigen Erfolg die Anforderungen ihrer Stakeholder berücksichtigen müssen. Darum hat die Norm die interessierten Parteien als eigenständigen Punkt noch stärker hervorgehoben. Der Fokus liegt nicht nur bei dem Kunden, sondern bei den Interessensgruppen (interessierten Parteien). Dies umfasst neben den Kunden z. B. auch die Lieferanten, Eigentümer, Mitarbeitende, Behörden, Geschäftspartner oder sogar Wettbewerber. Die ISO 9001 verfolgt den Ansatz von Planen (Plan), Durchführen (Do), Prüfen (Check) und Handeln (Act), kurz PDCA-Zyklus, um das Qualitätsmanagementsystem als Ganzes und dessen Prozesse fortlaufend wirksam zu verbessern. Die zehn Elemente der DIN EN ISO 9001:2015 sind in Bild 9.1 aufgeführt. Im Punkt 10 sind Elemente des Lean Managements durch die Bewertung von Verbesserungsprozessen verankert.

	Nr.	DIN EN ISO 9001	PDCA-Zyklus
Qualitätsmanagementsystem	0.	Einleitung	
	1.	Anwendungsbereich	
	2.	Normative Verweise	
	3.	Begriffe	
	4.	Kontext der Organisation	Plan
	5.	Führung	
	6.	Planung	
	7.	Unterstützung	Do
	8.	Betrieb	
	9.	Bewertung der Leistung (Performance)	Check
	10.	Kontinuierliche Verbesserung	Act

Bild 9.1 DIN EN ISO 9001

9.2.3 Prozessaudits

Prozessaudits bewerten Prozessketten von Unternehmen vom Input über die Transformation bis zum Output. Durch den prozessorientierten Ansatz ist die Norm leicht anwendbar und unabhängig von der Betriebsgröße und dem Unternehmenszweck. Die Wirksamkeit und Effizienz der Organisation beim Erreichen der festgelegten Ziele werden verbessert und auch die Kundenzufriedenheit wird durch das Erfüllen der Erwartungen gesteigert.

Ein Prozess ist ein Satz von in Wechselbeziehung oder Wechselwirkung stehenden Tätigkeiten, der Eingaben (Input) in Ergebnisse (Output) verwandelt. Der Prozessansatz ermöglicht einer Organisation

- Anforderungen besser zu verstehen und konsequenter zu erfüllen (verbesserte, konsistente und vorhersagbare Ergebnisse),
- Mehrwert (geringere Kosten und kürzere Zykluszeiten durch die effektive Nutzung von Ressourcen),
- Erreichung von effektiven Prozess-Leistungskennzahlen,

- Verbesserung der Prozesse anhand der Auswertung von Daten und Informationen,
- Förderung der Beteiligung der Mitarbeitenden und klare Verantwortlichkeiten.

9.2.4 Produktaudits

Im Rahmen der Prüfung einer definierten Anzahl von Produkten bestätigt das Produktaudit die Qualitätsfähigkeit des Produktionsprozesses basierend auf den Qualitätsmerkmalen eines Produkts. Dabei wird überprüft, ob das Produkt den vorgegebenen Spezifikationen, speziellen Kunden- und Lieferantenvereinbarungen entspricht. Ein Produktaudit ist die Planung, die Durchführung, die Auswertung und die Dokumentation von Prüfungen, und zwar

- von quantitativen und qualitativen Merkmalen,
- an materiellen Produkten,
- nach Abschluss eines Produktionsschritts,
- vor Weitergabe an den nächsten Kunden (intern/extern),
- auf Basis von Sollvorgaben und
- durch einen unabhängigen Auditor.

Ein Produktaudit dient der Begutachtung der Übereinstimmung mit den festgelegten eigenen Qualitätsanforderungen. Darüber hinaus zielt es auf die Begutachtung der Übereinstimmung mit den ausgesprochenen und unausgesprochenen Kundenanforderungen (mit den „Augen eines sehr kritischen Kunden"): Das Produktaudit stellt eine Maßnahme zur Überprüfung der Wirksamkeit durchgeführter Qualitätsprüfungen und -lenkungsmaßnahmen dar und führt unmittelbar und kurzfristig zu Prozess- und Produktverbesserungen.

Innerhalb der Automobilindustrie ist das PPAP-Verfahren ein gängiges Verfahren der Produktqualifizierung. Beim Produktionsteil-Abnahmeverfahren PPAP (engl.: Production Part Approval Process (PPAP)) werden Serienteile bemustert. Dabei geht es vor allem um die Qualität der gelieferten Teile, das bedeutet, dass die Teile aus den Serienwerkzeugen bzw. Serienprozesse den Zeichnungen entsprechen müssen. Neben den zur Überprüfung gelieferten Teilen stellt die Bemusterung (engl.: Part Submission Warrant; PSW) ein zentrales Element für den Bemusterungsprozess dar (Helmold & Terry 2021).

9.3 Weitere Audits

5S-Auditmethode ist eine Vorgehensweise zur Optimierung des Arbeitsplatzes in fünf Schritten (siehe auch Kapitel 10, 5S-Konzept):

- Sortieren
- Systematisieren oder (Hin-)Stellen
- Saubermachen
- Standardisieren
- Selbstdisziplin

Die 5S-Methode ist Bestandteil des Lean Managements.

> **5S-Audits bei der Berliner Kindl Schultheiss Brauerei in Berlin**
>
> Die 5S-Methode entfaltet ihre größte Wirkung auf die Verschwendungsarten „Warten", „Transport" und „Bewegung". Das liegt in erster Linie daran, dass sich Suchzeiten und Entfernungen mit der 5S-Methode durch das Aussortieren, die Systematisierung und die Standardisierung signifikant verringern lassen. Ein weiterer, wenn auch meist geringerer Effekt liegt in der Reduzierung von Ausschuss und Nacharbeit. Beispielsweise können Beschädigungen am Produkt durch Schmutz wie zum Beispiel Kratzer in der Oberfläche durch regelmäßiges Reinigen des Arbeitsplatzes verringert oder sogar verhindert werden. Bearbeitungsmaschinen können aufgrund starker Verschmutzung ebenfalls zu Ausschuss oder Defekten führen, was mit regelmäßiger Reinigung vermieden werden kann. Die Berliner Kindl Schultheiss Brauerei in Berlin führt regelmäßige 5S-Audits durch. Die Audits werden in der Abfüllung und anderen Bereichen durchgeführt. Sollten Handlungsbedarfe identifiziert werden, werden diese mit Verantwortlichkeiten und einem Zieltermin in einen Maßnahmenplan gestellt. Dieser Maßnahmenplan ist für alle Mitarbeitenden einsehbar.

5S-Audit bei der BKSB

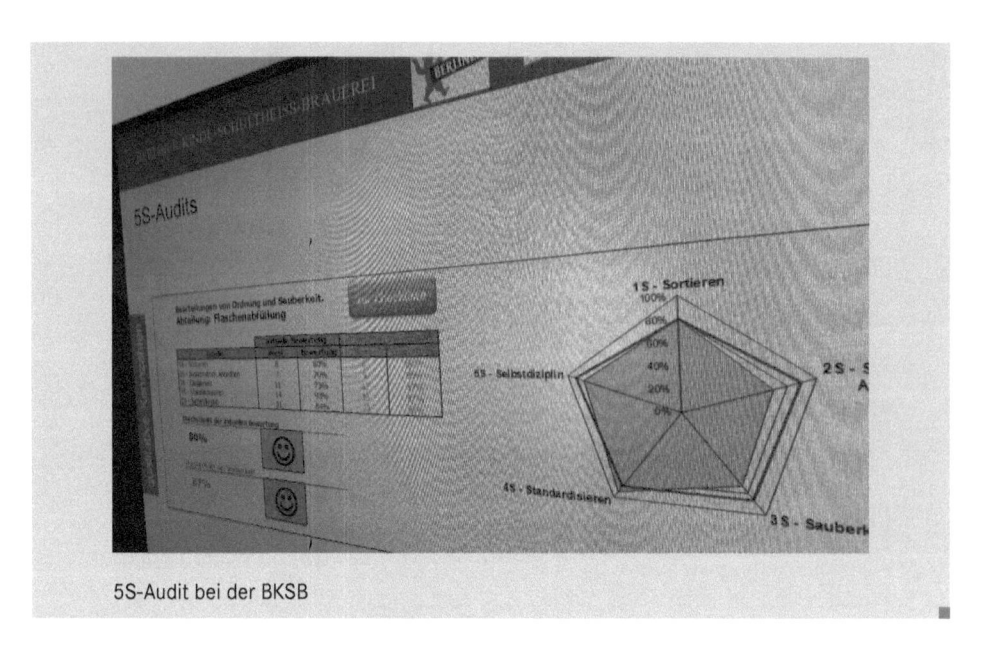

Andere Audits beinhalten alle möglichen Bewertungen von Normenanforderungen in Teilbereichen durch Umweltaudits, Finanzaudits, Sicherheitsaudits etc.

Literatur

Bosch Industry Consultants: (2020) *Von Lean zur digitalen Fabrik – eine Vision wird Realität*. März 2020. Abgerufen am 20.9.2020. *https://www.bosch-connected-industry.com/de/media/de/loesungen/ starting_i4_0/whitepaper_i40/whitepaper-i40-studie-de.pdf*.

Helmold, M.: (2020) *Lean Management and Kaizen. Fundamentals from Cases and Examples in Operations and Supply Chain Management*. Springer, Cham.

Helmold, M.; Samara, W.: (2019) *Progress in Performance Management. Industry Insights and Case Studies on Principles, Application Tools, and Practice*. Springer, Heidelberg.

Helmold, M.; Terry, B.: (2021) *Kaizen, Lean Management und Digitalisierung. Mit den japanischen Konzepten Wettbewerbsvorteile für das Unternehmen erzielen*. Springer, Wiesbaden.

Helmold, M.; Terry, B.: (2021) *Operations and Supply Management 4.0. Industry Insights, Case Studies and Best Practices*. Springer, Cham.

10 Werkzeuge im Lean Management

10.1 Methoden zur Fehlervermeidung

10.1.1 Fehlervermeidung: Poka Yoke (ポカヨケ)

Der japanische Ausdruck Poka Yoke (jap.: ポカヨケ, dt.: „unglückliche Fehler vermeiden") bezeichnet ein aus mehreren Elementen bestehendes Prinzip, welches technische Vorkehrungen bzw. Einrichtungen zur sofortigen Fehleraufdeckung und -verhinderung umfasst. Poka Yoke ähnelt als fehlervermeidendes Prinzip dem biochemischen Schlüssel-Schloss-Prinzip, das etwa bei der Duplikation der Erbinformation fehlerminimierend wirkt. Poka bezeichnet einen falschen Zug im Go oder Shogi und im weiteren Sinne „dumme Fehler, Schnitzer" allgemein. Yoke stammt vom Verb yokeru ab, zu Deutsch „vermeiden".

Ausgangsbasis für Poka Yoke ist die Erkenntnis, dass kein Mensch und auch kein System in der Lage ist, unbeabsichtigte Fehler vollständig zu vermeiden. Mit Poka Yoke wird meist durch einfache und wirkungsvolle Systeme dafür gesorgt, dass Fehlhandlungen im Fertigungsprozess nicht zu Fehlern am Endprodukt führen. Dabei zielt Poka Yoke auf den Einsatz von meist technischen Hilfsmitteln. Diese Lösungen sind meist kostengünstig und sofort einführbar. Um auch ein weiteres Auftreten von einmal entdeckten Fehlern ausschließen zu können, wird Poka Yoke in Verbindung mit einer Inspektionsmethode, der Source Inspection eingesetzt. Poka Yoke in Kombination mit der Source-Inspection ergeben die Methodik des Poka-Yoke-Systems.

Poka Yoke zielt darauf ab, anomale Zustände zu erkennen, zu vermeiden und sofort durch unmittelbares Eingreifen abzustellen. Konkrete Maßnahmen, um das Poka Yoke anzuwenden, sind beispielsweise durch geometrische Passungen z. B. mittels Stiften, Hebeln, Werkzeugformen oder Sensoren das Einlegen von fehlerhaften Teilen zu verhindern. Einfache Umsetzungsbeispiele sind z. B. USB-Stick, SIM-Karte oder Lichtschranken. Bei Abweichungen, Fehlern oder falschem Material sollte die Anlage oder Maschine nicht starten können. Des Weiteren sollte bei einem auftretenden Fehler die Maschine den mechanischen Prozess nicht fortführen können.

In der Automobilindustrie wird Poka Yoke häufig umgesetzt, so dass es Beauftragte oder auch Abteilungen für diese Aufgabe gibt. Speziell in der Endmontage werden Systeme wie Pick-to-Light, bei welchem jeweils dem Mitarbeitenden angezeigt wird, welche Schraube er aus welchem Fach nehmen soll und sogleich die ausgebende Schale gewogen wird, um zu verhindern, dass mehrere Schrauben auf einmal entnommen werden. Beim Anziehen von Motorengehäusen werden die Anzahl der zu schraubenden Einheiten und dessen Anziehmomente ermittelt und das Band erst weiter getaktet, wenn dieser Prozessschritt korrekt durchgeführt wurde. Maßnahmen dieser Art sind zwar kostenintensive Umsetzungen des Poka-Yoke-Tools, jedoch für die JIT- bzw. JIS-Belieferung des Kundentakts unverzichtbar.

In Deutschland und Europa wird Poka Yoke mit „100 % Sicherheit" gleichgesetzt. Nach Shigeo Shingo entspricht dies aber nicht seinem ursprünglichen Verständnis. Nach Shingeo beinhaltet Poka Yoke auch Maßnahmen, die einen Fehler entdecken oder darauf hinweisen („weiches" Poka Yoke).

Poka Yoke ist in zahlreichen Prozessen bei der Produktion von Komponenten in vielen Unternehmen integriert. Aber auch im gesellschaftlichen Leben sehen wir, dass Poka Yoke Sinn macht. Poka Yoke wird eingesetzt, ohne dass es Menschen oft merken. Beispiele sind vielfach in das tägliche Leben integriert:

- Züge werden bei Überfahren eines roten Signals (durch menschliches Versagen) automatisch abgebremst.
- Zündschlüssel eines Autos lassen sich nur so einstecken, dass er richtig in das Schlüsselloch passt.
- Acetylenflaschen haben einen einzigartigen Bügelanschluss, um die gefährliche Verwechslung mit anderen Gasen zu verhindern.
- CEE-Stecker haben je nach Spannung und Frequenz andere Farben und Kontaktanordnungen, um Verwechslungen zu vermeiden.
- Jedes zu verbauende Bauteil muss vor dem Einbau per Barcode- oder RFID-Scan freigegeben werden.
- Durch eine Pick-by-Light-Einrichtung wird Kommissionierungsfehlern vorgebeugt.
- TAE-Telefonstecker lassen sich nicht verkehrt herum einstecken.
- Bankautomaten geben in Deutschland das Geld erst heraus, wenn die Karte entnommen wurde. Dadurch wird verhindert, dass man die Karte vergisst.
- SIM-Karten lassen sich aufgrund ihrer Form nur in der korrekten Ausrichtung im SIM-Kartenslot einlegen.
- Positionssensoren an einer Presse lassen den Pressvorgang erst starten, wenn das Bauteil korrekt eingelegt ist.

- Abfrage der Augenfarbe in Formularen für Kundenservicemitarbeiter, um Blickkontakt mit dem Kunden sicherzustellen.
- Unterschiedlicher Durchmesser von Zapfpistolen an Tankstellen, um versehentliches Tanken des falschen Kraftstoffs zu verhindern.

Baka Yoke und Jidoka

Baka Yoke (バカヨケ) setzt sich aus Baka = Narr bzw. Idiot und Yoke = Vermeidung zusammen und wird im Deutschen oft mit „narrensicher" und im Englischen mit „foolproof" übersetzt. Baka-Yoke-Mechanismen wurden beispielsweise in Produktionsprozessen eingesetzt, um durch die Mitarbeitenden verursachte Fehler zu erkennen. Der Begriff „narrensicher" war in diesem Zusammenhang natürlich nicht besonders schmeichelhaft für diejenigen Mitarbeitenden, die mit einem Baka Yoke arbeiten sollten.

Der japanische Begriff Jidoka (自働化), deutsche Entsprechung: Autonomation für autonome Automation, bezeichnet eine „intelligente Automation" oder eine „Automation mit menschlichem Touch". Bei dieser Art von Automation werden einige Überwachungsfunktionen in Maschinen integriert, statt ihnen nur Produktionsfunktionen zuzuordnen. Jidoka ist neben dem Just-in-Time-Prinzip für das Toyota-Produktionssystem (TPS) zentral und ein wichtiger Faktor im Lean Management sowie in der Qualitätssicherung.

Poka Yoke wurde von Shigeo Shingo, einem Mitentwickler des Toyota-Produktionssystems in Produktionsprozessen eingesetzt, um durch Mitarbeitende verursachte Fehler zu entdecken. Ursprünglich hieß es Baka Yoke, was so viel wie „idiotensicher" bedeutete. Da dieser Begriff für Mitarbeitende nicht schmeichelhaft war, wurde er umgestellt auf Poka Yoke, welches „Vermeidung unbeabsichtigter Fehler bedeutet". Der Hauptzweck von Poka Yoke ist es, Fehler und Störquellen im Ablauf des effizienten Produktionsprozesses und eines ungestörten Materialflusses zu realisieren. Insbesondere bei Beachtung der Zehnerregel der Fehlerkosten können mit dieser Methode bereits zu Beginn des Produktentstehungsprozesses große Einsparungseffekte erzielt werden. Deshalb wird unterschieden, ob es sich um Prozess- oder Produkt-Poka-Yoke handelt, um in der Produktentwicklung bereits fehlerunanfällige Produkte zu entwickeln.

Unter Jidoka wird die Fähigkeit eines Systems, einer Anlage oder Maschine verstanden, sich beim Auftreten von Anomalitäten wie Qualitätsproblemen, Maschinenstillständen selbst auszuschalten. Die Geschichte von Jidoka stammt aus der Webstuhlproduktion der Familie Toyoda ab, als das Lean Management noch nicht erfunden war. In der damaligen Zeit musste jede Webmaschine durch einen Produktionsmitarbeiter beobachtet werden, damit dieser bei Ende oder einem Riss des Fadens die Maschine stoppen konnte. Nach Umsetzung des Jidoka-Prinzips war Toyoda imstande, Maschinen anzubieten, welche bei Fadenende oder bei einem Fadenriss sofort stoppten und so bei erhöhter Qualität die Bedienung mehrerer Maschinen zuließen.

Somit war dies die Grundlegung der Automation und des Begriffs „First Defect Stop" aus dem Lean Management. Durch die Systeme zur Selbstabschaltung und der gesteigerten Eigenständigkeit der Maschinen wurde die Methode auch als Autonomation (Verbindung von Automation und Autonomie) bezeichnet. Der größte Vorteil ist, dass durch die automatische Fehlererkennung Mitarbeitende nicht mehr gezwungen sind, lediglich die Maschine zu überwachen, was motivationshemmend ist. Sie sind in der Lage, mehrere Maschinen zu bedienen oder können sich anderen Aktivitäten im Rahmen der kontinuierlichen Verbesserung widmen.

Ein weiterer wichtiger Aspekt ist die Reduzierung des Verschleißes der Maschinen, da Anomalitäten und fehlerhafte Operationen vermieden werden. Im Sinne des KVP bildet Jidoka die Grundlage zur Ursachensuche und der Ausschließung und Verbesserung.

Unterstützt werden Poka Yoke und Jidoka durch den Einsatz der FMEA (Fehlermöglichkeits- und -einflussanalyse), der LCIA (Low-Cost-Intelligent-Automation) und der Andon-Methode (visuelles Management wie Lichtsignale, Farben, Displays). Poka Yoke als auch Jidoka sind als Qualitätsmanagement-Tool wichtige Bausteine. Gerade im „Toyota-Produktionssystem", wurde damit sehr früh die Null-Fehler-Strategie angestrebt und fast erreicht.

Durch diese Methoden wird nicht nur die klassische 100 %-Prüfung praktiziert, sondern auch die Vermeidung von Fehlern angestrebt. Schließlich soll die Qualität nicht durch Prüfen, sondern durch vorzeitiges richtiges Handeln erzeugt werden. Insbesondere die Automobilindustrie gibt durch die Norm IATF 16949 hier sehr enge Rahmenbedingungen für ihre Zulieferer vor.

Poka Yoke zielt darauf ab, anomale Zustände zu erkennen und zu vermeiden und durch sofortiges Eingreifen abzustellen, so dass kein fehlerhaftes Produkt an den nächsten Prozessschritt weitergegeben werden kann. In Kombination sind beide Methoden geeignet, sehr fehlerarme Prozesse durch autonome und automatisierte Systeme umzusetzen.

Diese Systeme können nur durch Einbindung der Mitarbeitenden erfolgreich implementiert werden. Die Praxis zeigt, wie einfach solche Systeme umgangen werden können oder trotz einer Poka-Yoke bezogenen FMEA-Analyse nicht jede Fehlermöglichkeit ausgeschlossen werden kann. Dies trifft insbesondere auf solche zu, welche eine Verhaltensänderung der im Prozess betroffenen Personen beinhalten. Deshalb ist auch die kombinierte Umsetzung durch eine Autonomation wichtig, da nur so das angestrebte Ziel einer Null-Fehler-Strategie erreicht werden kann.

Der Ausgangspunkt für die Entwicklung des Poka-Yoke-Systems mit Fehlerquellen-Inspektion lag für Shigeo Shingo bei der statistischen Qualitätskontrolle (SQC). Jedoch stellte er fest: „Fehler werden in der Arbeitsphase erzeugt, und Prüfungen können nichts anderes bewirken, als die Fehler zu finden." Die Sicherstellung der Fehlervermeidung kann im Lieferantenmanagement durch die vorher beschriebenen Audits gewährleistet werden.

10.1.2 Nivellierung der Produktion: Heijunka (平準化)

Der aus dem Japanischen stammende Begriff Heijunka (平準化) bedeutet so viel wie „Glätten" oder „Nivellieren". Im Lean Management steht er für „Produktionsglättung" oder „nivellierte Produktion" und bezeichnet eine bei Toyota in den 1950er-Jahren entwickelte Methode der Arbeitsplanung (Toyota-Produktionssystem). Ziel ist die weitgehende Harmonisierung des Produktionsflusses durch einen Abgleich der zu- und abfließenden Elemente in der Fertigungslinie, um Warteschlangen und damit Verschwendung (Muda) aufgrund von Liege- und Transportzeiten zu vermeiden. Die Werkstattfertigung wird dabei durch die Fließproduktion (engl.: Continuous Flow Manufacturing, One-Piece-Flow) mit kurzen Transportwegen und vollständiger Bearbeitung ersetzt. Heijunka erlaubt auch bei komplexen, mehrstufigen Fertigungslinien eine Synchronisation des Produktionssystems (Ohno 1990).

Voraussetzung für eine durch Heijunka gesteuerte Produktion ist die Umsetzung des Pull-Prinzips, bei dem durch detaillierte Prognosen, z. B. auf Basis der Marktforschung, zurückliegender Verkaufszahlen sowie nach Analyse von Branchendaten, Absatzvolumina möglichst genau abgeschätzt werden. Kunden geben die Produktionsrate und die (auch interne) Terminierung (Just-In Time-Prinzip) vor; dies muss in der Steuerung des gesamten Produktionsprozesses und an jeder einzelnen Fertigungsstation berücksichtigt werden. Menge und Reihenfolge der zu fertigenden Teile werden damit vordefiniert. Dies wird (je Auftrag) auf einer Heijunka-Karte vermerkt, die, ähnlich einer Kanban-Karte, alle Informationen zur Fertigung eines Produkts oder einer Anzahl von Produkten (bis zur Losgröße 1) enthält. Diese Karten werden zentral auf einer Heijunka-Tafel, chronologisch und nach Produkten geordnet, abgelegt. (Logistik-)Mitarbeitende entnehmen die Karten in der gegebenen Reihenfolge, entnehmen alle benötigten Teile für diesen Auftrag aus dem Lager und stellen sie der Produktionslinie bereit. Das Fertigungsmaterial fließt ohne Zwischenlagerung durch den so geglätteten Produktionsprozess und ermöglicht die Herstellung von individuell konfigurierten Produkten.

Heijunka bietet folgende Vorteile:

- Die erfolgreiche Glättung der Produktion stellt eine Just-In-Time-Lieferung gemäß Kundenwünschen sicher.
- Der Verbrauch an Zulieferteilen wird verstetigt, die Fertigung der Zulieferer wird mit der eigenen Produktion synchronisiert.
- Belastungsspitzen von Menschen und Maschinen werden durch eine Balancierung der Arbeitsabläufe und Stationen vermieden.
- Wareneingänge und -ausgänge werden transparent und lassen sich mit der Planung abstimmen.

> **Yamazumi-Diagramm (山積み-Diagramm)**
> Nivellierungsdiagramm, wörtlich „Haufen" oder „Stapel": Gestapeltes Balkendiagramm, um die Arbeitslast verschiedener Bediener bzw. Stationen in einer Produktionslinie auszugleichen.

10.1.3 Andon (アンドン)

Andon (jap.: アンドン oder あんどん oder 行灯) ist ein Konzept der schlanken Fertigung, das sich auf ein System bezieht, um Management, Wartung und andere Mitarbeitende über ein Qualitäts- oder Prozessproblem zu informieren (Bild 10.1). Das Herzstück ist ein Gerät mit Signalleuchten, die anzeigen, an welcher Workstation das Problem auftritt. Der Alarm kann manuell von einem Arbeiter mithilfe einer Zugschnur oder eines Knopfs aktiviert werden oder kann automatisch von der Produktionsausrüstung selbst aktiviert werden. Das System kann ein Mittel zum Stoppen der Produktion enthalten, damit das Problem behoben werden kann. Einige moderne Alarmsysteme enthalten Audioalarme, Text oder andere Anzeigen.

Ein Andon-System ist eines der Hauptelemente der Jidoka-Methode, die Toyota als Teil des TPS entwickelt hat und Teil des Lean-Konzepts ist. Es gibt dem Arbeiter die Möglichkeit und darüber hinaus die Befugnis, die Produktion zu stoppen, wenn ein Defekt festgestellt wird, und ruft sofort um Hilfe.

Häufige Gründe für die manuelle Aktivierung des Andon sind Teilemangel, erzeugter oder gefundener Defekt, Fehlfunktion des Werkzeugs oder das Vorhandensein eines Sicherheitsproblems. Die Arbeit wird gestoppt, bis eine Lösung gefunden wurde. Die Warnungen können in einer Datenbank protokolliert werden, damit sie im Rahmen eines Programms zur kontinuierlichen Verbesserung untersucht werden können. Das System gibt normalerweise an, wo die Warnung generiert wurde, und kann auch eine Beschreibung des Problems bereitstellen. Moderne Andon-Systeme können Text-, Grafik- oder Audioelemente enthalten. Audio-Warnungen können mit codierten Tönen, Musik mit unterschiedlichen Melodien, die den verschiedenen Warnungen entsprechen, oder aufgezeichneten verbalen Nachrichten erfolgen. Die Verwendung des Worts stammt ursprünglich aus japanischen Produktionsunternehmen und ist im Englischen ein Lehnwort aus einem japanischen Wort für eine Papierlaterne (Ima 1986).

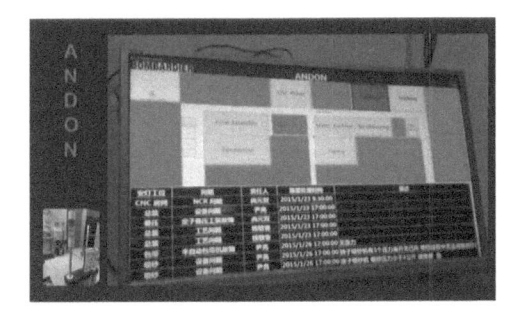

Bild 10.1
Andon

10.1.4 Shadow Boards

Shadow Boards helfen, die Produktivität zu steigern und 5S umzusetzen. In Schaumstoffeinlagen bewahren diese Werkzeuge oder benötigte Materialien transparent, übersichtlich und materialschonend auf (Bild 10.2). Die Boards können an die Werkzeuge angepasst werden, es ist keine Neuanschaffung nötig.

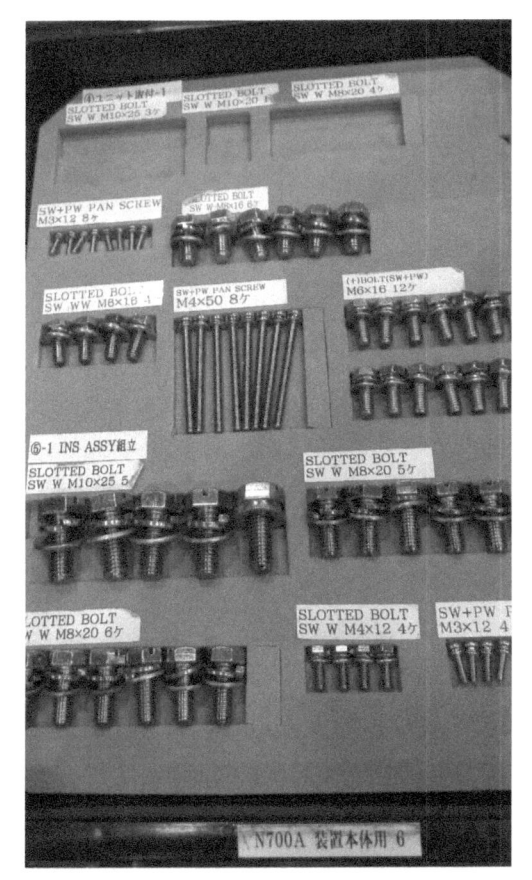

Bild 10.2
Shadow Board

10.1.5 Shopfloor-Management

Shopfloor bedeutet im Deutschen so viel wie „Hallenboden", „Werkstatt" oder „Werkhalle". Es ist der Ort der Wertschöpfung. Shopfloor-Management beschreibt die Steuerung der Fertigungs- und Wertschöpfungsprozesse durch aktive Anwesenheit der Führungskräfte am Ort des Geschehens. Permanente Verbesserungen und Optimierungen der Prozesse direkt am Geschehen der Mitarbeitenden sind die maßgeblichen Ziele des Shopfloor-Managements. Doch Shopfloor-Management ist noch mehr. Nicht nur die Prozesse direkt auf dem Shopfloor sollen optimiert werden, sondern auch die Leitungs- und Führungsaufgaben und dazugehörige Arbeitskultur.

Kommunikation ist beim Shopfloor-Management essenziell, um Missverständnisse und Vorbehalte zu vermeiden. Am Ort des Geschehens erhält die Führungskraft Informationen aus erster Hand. Beim Shopfloor-Management stehen Kennzahlen auf dem Visual-Management-Board – der aktuelle Stand der Fertigung ist für alle Mitarbeitende objektiv ersichtlich und durch Grafiken und Kennzahlen strukturiert und visuell aufbereitet. Das Ziel des Teams ist klar definiert, Ist-Soll-Abweichungen sind erkenn- und nachvollziehbar. Ablaufende Prozesse, eventuelle Probleme sowie geplante Maßnahmen zur Verbesserung finden sich ebenfalls auf der Tafel. Mitarbeitende gehen Problemlösungen selbstständig an, unabhängig vom Bildungsstand. Shopfloor-Management fördert einen stetigen Lernprozess.

10.1.6 Total Productive Maintenance (TPM)

Total Productive Maintenance (TPM) steht für die Pflege und Instandhaltung von Maschinen und Arbeitsmitteln. Auch dieses Prinzip gehört zu den Prinzipien, welche durch das Lean Management auf die gesamte Wertschöpfungskette angewandt werden müssen (Ohno 1990). Heute wird TPM auch als Total Productive Manufacturing oder Total Productive Management im Sinne eines umfassenden Produktionssystems interpretiert. TPM bezieht sich auf eine optimierte Inbetriebnahme, Wartung und Instandhaltung von Anlagen und Maschinen. Hier können Parallelen zu Kaizen oder Lean Production gesehen werden.

TPM ist ein Programm zur kontinuierlichen Verbesserung in allen Bereichen eines Unternehmens. Dabei geht es vor allen Dingen um die Jagd nach Verlusten und Verschwendung mit dem Ziel von Null-Defekten, Null-Ausfällen, Null-Qualitätsverlusten, Null-Unfällen usw. Der Hauptfokus liegt im Bereich der Produktion. Ziele des TPM sind:

- *Autonome Instandhaltung:* Der Anlagenbediener soll Inspektions-, Reinigungs- und Schmierarbeiten im ersten und in weiteren Schritten auch kleine Wartungsarbeiten selbstständig durchführen

- *Geplante Instandhaltung:* Sicherstellung der 100-prozentigen Verfügbarkeit der Anlagen sowie Ausweisen von Kaizen-Aktionen durch die Instandhaltung
- *Training und Ausbildung:* Mitarbeitende bedarfsgerecht zu qualifizieren zur Verbesserung der Bedienungs- und Instandhaltungsqualifikationen
- *Anlaufüberwachung:* Eine nahezu senkrechte Anlaufkurve bei neuen Produkten und Anlagen zu realisieren
- *Qualitätsmanagement:* Realisierung des „Null-Qualitätsdefekte"-Ziels bei Produkten und Anlagen
- *TPM in administrativen Bereichen:* Verluste und Verschwendungen in nicht direkt produzierenden Abteilungen eliminieren
- *Arbeitssicherheit, Umwelt- und Gesundheitsschutz:* Die Umsetzung der Null-Unfälle-Forderung im Unternehmen

10.1.7 Gesamtanlageneffektivität (GAE)

Der Begriff Gesamtanlageneffektivität (engl.: Overall Equipment Effectiveness bzw. Overall Asset Effectiveness, OEE) bezeichnet eine vom Japan Institute of Plant Maintenance erstellte Kennzahl. Mit ihr können auf einen Blick sowohl die Produktivität einer Anlage als auch deren Verluste dargestellt werden. Die GAE einer Anlage ist als das Produkt der folgenden drei Faktoren definiert:

- Verfügbarkeitsfaktor
- Leistungsfaktor
- Qualitätsfaktor

Ihr Wertebereich liegt zwischen 0 und 1 oder zwischen 0 % und 100 %. Die Definition der Kennzahl kann in keiner Norm nachgelesen werden. Sie wird individuell auf das anwendende Unternehmen zugeschnitten. Dabei handelt es sich im Regelfall um einen länger andauernden Prozess, da im Unternehmen erst Verständnis für diese Art des Denkens in den Kategorien Wertschöpfung und Verschwendung aufgebaut werden muss. Weiterhin gestaltet sich abhängig von den Anlagen bzw. Produkten die Erfassung der nötigen Basisdaten zur Ermittlung der Kennzahl u. U. als schwierig. Viele Unternehmen setzen daher auf spezielle Software zur Datensammlung, Auswertung und Analyse.

Die Gesamtanlageneffektivität ergibt gemeinsam mit der Gesamtserviceeffizienz (OSE oder englisch Overall Service Effectiveness) die Overall Administration Effectiveness (OAE) eines Unternehmens. Unternehmen, die OEE als Metrik verwenden, haben Erfolg bei der Kombination mit allgemeinen Lean-Manufacturing-Programmen und auch als Teil von TPM-Systemen. Bei Verwendung von OEE mit diesen Systemen werden die Vorteile erheblich.

10.1.8 Arbeitssicherheit, Gesundheit und Umwelt

Die Bewahrung der Sicherheit und der Gesundheit (engl.: Health, Safety – oft zusammen mit Umwelt verwendet: HSE, Health, Safety, Environment) des Menschen bei der Arbeit ist das Kernziel des Arbeitsschutzes. Der Arbeitsschutz unterteilt sich in den baulichen, technischen, organisatorischen, medizinischen und sozialen Arbeitsschutz. Die rechtliche Basis für ein sicheres und gesundes Arbeiten bildet das Arbeitsschutzgesetz (ArbSchG) und die das Gesetz konkretisierenden Verordnungen. Dabei ist unerheblich, in welchem Tätigkeitsbereich oder wo die Personen arbeiten. Beispielsweise kann die Beschäftigung in einer Arbeitsstätte, im Freien oder auf einer Windenergieanlage auf See erfolgen.

Der Arbeitgeber ist verpflichtet, die Sicherheit und den Schutz der Gesundheit der Beschäftigten bei der Arbeit durch Maßnahmen des Arbeitsschutzes zu sichern und zu verbessern. Er ist somit für das körperliche, geistige und soziale Wohlergehen der Beschäftigten in der Arbeitszeit verantwortlich. Um die Gesundheit zu bewahren, sind die Betriebe gefahrenfrei oder nur mit vertretbaren Risiken einzurichten und zu betreiben. Dahingehend beurteilt der Arbeitgeber die Arbeitsbedingungen am Arbeitsplatz und ermittelt die resultierenden Schutzmaßnahmen.

10.1.9 5S-Konzept

Die 5S-Methode in Bild 10.3 im Lean Management ist eine strukturierte und systematische Methode zur Gestaltung der eigenen Arbeitsumgebung. Ziel ist, durch eine strukturierte Organisation des Arbeitsplatzes nicht wertschöpfende Tätigkeiten, also Verschwendung zu minimieren. Die 5S-Methode ist damit die Basis für weitere Prozessoptimierungen wie das Toyota-Produktionssystem (TPS), in dessen Rahmen sie entwickelt wurde. Die Methode wird auch „5 A" genannt, anhand der deutschen Begriffe:

- Aussortieren,
- Aufräumen,
- Arbeitsplatz säubern,
- Anordnungen zum Standard machen und
- alle Punkte einhalten und verbessern.

Ursprünglich leiten sich die fünf „S" von den japanischen Begriffen Seiri, Seiton, Seiso, Seiketsu und Shitsuke ab, die die fünf Schritte der 5S-Methode beschreiben (Tabelle 10.1). Sinngemäß übersetzt bedeuten sie: Selektieren, Systematisieren, Säuberung, Standardisieren und Selbstdisziplin üben. Als sechstes „S" wird in manchen Büchern noch Shukan genannt. Als Shukan wird der Zustand betitelt, bei dem die ständige Beachtung und Optimierung der 5S-Methode zur Gewohnheit wird. Zuerst muss man erreichen, dass die Methodik und das Arbeiten auf Basis von 5S zur Gewohnheit bei jedem Mitarbeitenden wird. Dies ist dann eine gute Ausgangsbasis, um die weiteren Werkzeuge des Prozesses der Verbesserung im Lean Management anzugehen. Arbeitshilfe 1 zeigt eine 5S-Checkliste (Helmold et al. 2022).

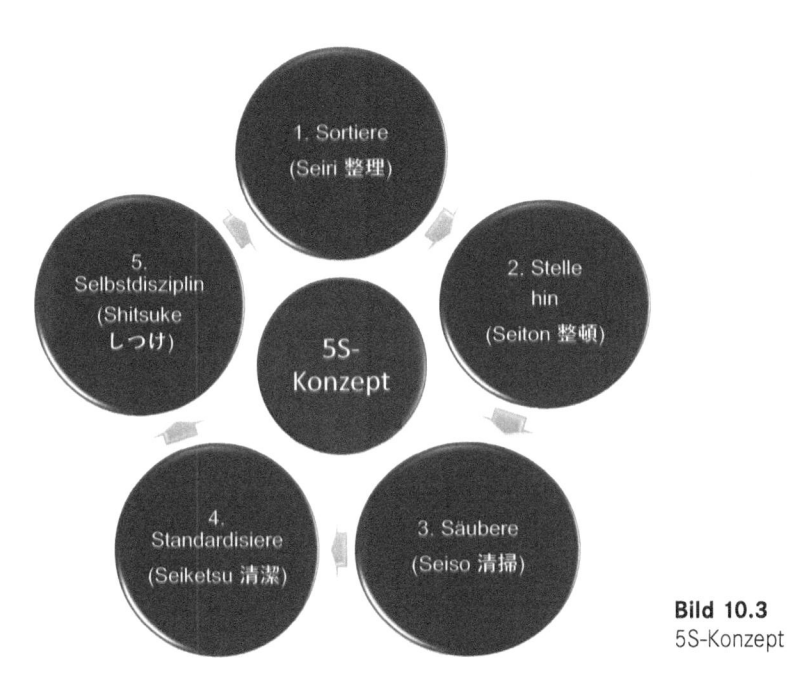

Bild 10.3 5S-Konzept

Tabelle 10.1 5S-Konzept

Japanisch	Deutsch	Deutsch 5 A	Englisch	
SEIRI	Sortieren	Aussortieren	Sort	Aussortieren aller nicht benötigten Gegenständen und Materialien im Arbeitsumfeld. Die Gegenstände werden weggeworfen oder entfernt. Die 5S Roter Aufkleber Methode wird auch als Methode der roten Punkte deklariert.
SEITON	Systematisieren	Anordnen	Set in order	Die verbliebenen notwendigen Teile werden geordnet. Es muss für alle erkennbar sein, was, wo in welcher Anzahl benötigt wird. Ziel ist, den optimalen Zugriff auf das einsatzbereite, notwendige Material zu erhalten.
SEISO	Saubermachen	Arbeitsplatz saubermachen	Shine	Ziel ist es, den Arbeitsplatz regelmäßig zu säubern und sauber zu halten. Der saubere Arbeitsplatz ist zugleich Sinnbild für die Qualität der geleisteten Arbeit.

Tabelle 10.1 *Fortsetzung*

Japanisch	Deutsch	Deutsch 5 A	Englisch	
SEIKETSU	Standardisieren	Arbeitsplatz standardisieren	Standardize	Die bisherige Vorgehensweise, Arbeitsplatzorganisation und Ordnung werden zum Standard erklärt. Hierbei wird der sortierte, saubere und geordnete Zustand erhalten. Entsprechende Verhaltensweisen werden kontrolliert.
SHITSUKE	Selbstdisziplin	Alle Schritte wiederholen/Umfeld für 5S schaffen	Sustain	Shitsuke – Selbstdisziplin üben. Nur durch Selbstdisziplin können alle Regeln eingehalten und Abläufe systematisch überwacht und kontinuierlich verbessert werden.

Seiri – Selektieren

Bei der Selektion im Sinn von (aus-)sortieren werden alle Elemente gekennzeichnet und entfernt, die für die Durchführung der Arbeit nicht benötigt werden. Dadurch entsteht mehr Platz für die tatsächlich benötigten Arbeitsmittel und Materialen; die Übersichtlichkeit am Arbeitsplatz nimmt zu.

Seiton – Systematisieren

Die Anordnung der Werkzeuge, Betriebsmittel und Materialien am Arbeitsplatz wird systematisiert. Kriterien dafür sind Ergonomie, Verwendungshäufigkeit und -reihenfolge. Dabei werden alle Arbeitsmittel und ihre Lagerorte so gekennzeichnet, dass sie eindeutig zugeordnet und Abweichungen vom Soll-Zustand schnell sichtbar werden können.

Seiso – Säuberung

Das Säubern des Arbeitsbereichs ist nicht nur eine Frage der Hygiene. Die Reinigung dient gleichzeitig der Inspektion, bei der Abweichungen vom Soll-Zustand und Mängel an Arbeitsmitteln festgestellt werden können. Sinnvollerweise sollten die Ursachen für die Entstehung von Verschmutzung fest- und, wenn möglich, nachhaltig abgestellt werden.

Seiketsu – Standardisieren

Arbeitsbereiche sollten – idealerweise über alle Fertigungslinien hinweg – standardisiert werden, um den Mitarbeitenden einen Arbeitsplatzwechsel ohne Eingewöhnungszeit bzw. Neuorientierung zu ermöglichen. Die Standardisierung kann z. B. die Anordnung der Arbeitsmittel oder die Verwendung eines einheitlichen Farbcodes für verschiedene Bodenmarkierungen (Wegbegrenzungen, Abholungsflächen, Anlieferungsflächen usw.) betreffen.

Die Reinigung der Arbeitsbereiche kann beispielsweise durch Reinigungspläne (Standards) vorgegeben werden. Festgelegt wird z. B., welche Arbeitsmittel, Flächen oder Bereiche wie oft und wann gereinigt werden sollen und worauf bei der Reinigung besonders zu achten ist (kritische Bereiche in Maschinen oder Anlagen).

Um Abweichungen vom Standard systematisch festzustellen und zu dokumentieren, können 5S-Auditformulare bzw. 5S-Checklisten erstellt werden.

Shitsuke – Selbstdisziplin üben

Nur durch Selbstdisziplin können alle Regeln eingehalten und Abläufe systematisch überwacht und kontinuierlich verbessert werden.

Vor- und Nachteile der 5S-Methode

Die 5S-Methode bietet folgende Vorteile und Chancen:

- Erhöhung der Transparenz
- Zeitersparnis
- Verminderung von Verschwendung
- höhere Sicherheit
- vereinfachte Vertretungsübergaben
- Verbesserung der Qualität
- Förderung der Arbeitsroutine

Nachteile und Risiken der 5S-Methode:

- übertriebene Formalisierung der Abläufe
- eher reaktiv-korrigierend als proaktiv
- Nachhaltigkeit beruht auf Selbstdisziplin
- nur sinnvoll in Verbindung mit Arbeitsstandards
- nicht wertschöpfend

5S-Methode als langfristiges Konzept im Lean Management

Damit die 5S-Methode im Betrieb greift und im Sinne eines kontinuierlichen Verbesserungsprozesses funktioniert, muss sie fest in die Unternehmenskultur verankert und in den Arbeitsalltag der Mitarbeitenden integriert werden. Zudem sollte die Methode auf alle Mitarbeitenden und auf das Management gleichermaßen verteilt werden. Vorgesetzte haben dabei eine wichtige Vorbild- und Auditierungsfunktion, um Mitarbeitende von der Methode zu überzeugen und langfristig zu begeistern.

Meist dauert es eine gewisse Zeit, bis sich die 5S-Methode innerhalb der Firmenkultur etabliert hat. Die Belegschaft sollte daher nach der Einführung immer wieder unterstützt werden und sehen, wie die 5S-Methode ihren Alltag positiv verändern. Bis zur endgültigen Etablierung als Standard sollte das Konzept an den Arbeitsplätzen immer wieder angewendet werden. Bei einem zu zögerlichen Vorgehen droht sonst der Rückfall in den Ursprungszustand. Bild 10.4 zeigt die fünf Elemente des 5S-Konzepts bei der Berliner Kindl Schultheiss Brauerei in Berlin.

5S in der Berliner-Kindl-Schultheiss-Brauerei

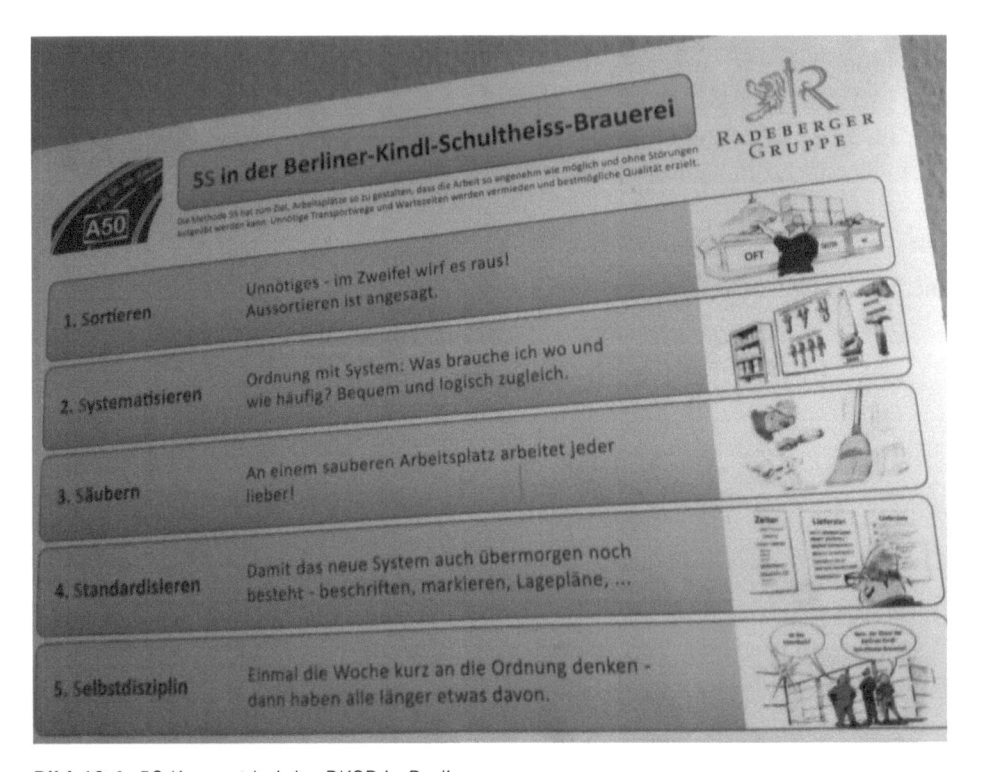

Die Methode 5S hat zum Ziel, Arbeitsplätze so zu gestalten, dass die Arbeit so angenehm wie möglich und ohne Störungen ausgeführt werden kann. Unnötige Transportwege und Wartezeiten werden vermieden und bestmögliche Qualität erzielt.

1. Sortieren — Unnötiges – im Zweifel wirf es raus! Aussortieren ist angesagt.
2. Systematisieren — Ordnung mit System: Was brauche ich wo und wie häufig? Bequem und logisch zugleich.
3. Säubern — An einem sauberen Arbeitsplatz arbeitet jeder lieber!
4. Standardisieren — Damit das neue System auch übermorgen noch besteht – beschriften, markieren, Lagepläne, ...
5. Selbstdisziplin — Einmal die Woche kurz an die Ordnung denken – dann haben alle länger etwas davon.

Bild 10.4 5S-Konzept bei der BKSB in Berlin

> Das 5S-Konzept ist eine wirksame Methode, um Prozesse effizient auszurichten und Verschwendung zu eliminieren.

8S-Konzept von Zhongwang in China

China Zhongwang Holdings Limited (chinesisch: 中国忠旺控股有限公司) ist der weltweit zweitgrößte Produzent und Entwickler von Aluminium-Extrusionsprodukten, und der größte in Asien. Der Schwerpunkt des Konzerns und seiner Tochtergesellschaften liegt in erster Linie auf der Entwicklung von Leichtbauteilen im Transport-, Maschinen- und Anlagenbau sowie in der Energietechnik. Der Hauptsitz des Konzerns befindet sich in der Provinz Liaoning, Volksrepublik China. China Zhongwang ist hauptsächlich in der Produktion von hoch präzisen, großformatigen und hochwertigen industriellen Aluminium-Extrusionsprodukten tätig, die vorwiegend im Transportbereich (u. a. für Eisenbahn Passagier- und Frachtwagons, Leichtzüge, U-Bahnen, Autos, Lastkraftwagen, Schiffe, Luft- und Raumfahrt), im Maschinen- und Anlagenbau sowie in der elektrischen Energietechnik genutzt werden. Der Konzern hat drei synergetische Hauptwirtschaftszweige, nämlich Aluminium-Extrusion, Tiefenverarbeitung und Flach-Längswalzen. Diese Unternehmensfelder arbeiten zusammen auf der Basis von vor- und nachgelagerter Ressourcenteilung. Der Konzern hat in einem seiner Produktionswerke aus dem 5S-Konzept ein 8S-Konzept entwickelt und drei weitere Elemente hinzugefügt.

8S-Konzept bei Zhongwang in China

■ 10.2 Innovations- und Ideensammlungswerkzeuge

10.2.1 Pecha Kucha (ぺちゃくちゃ)

Pecha Kucha (jap.: ぺちゃくちゃ), ist eine Vortragstechnik, bei der für einen mündlichen Vortrag geeignete Bilder (Dias) an eine Wand projiziert werden. Als Format ist angegeben: 20 Bilder (Dia), die jeweils für 20 Sekunden eingeblendet werden. Die Gesamtzeit von 6:40 Minuten ist somit auch die maximale Redezeit und endet dort. Pecha Kucha ist eine eingetragene Wortmarke in Japan, Deutschland und anderen Ländern.

Pecha Kucha wurde im Februar 2003 von den beiden Architekten Astrid Klein und Mark Dytham im Rahmen eines Design-Events erstmals in Tokio eingesetzt und findet mittlerweile in der Wirtschaft und an Universitäten breite Anwendung. Mittlerweile wird das Format auch für die Kommunikation in Museen genutzt, zum Beispiel seit 2012 im Stadtmuseum Berlin. Die Themen liegen vor allem in den Bereichen Design, Kunst, Mode, Kultur und Architektur. Dieser Präsentationsstil wurde jedoch auch auf andere Bereiche übertragen.

Das Hauptziel von Pecha Kucha ist es, Zeitverschwendung für das Publikum zu vermeiden. Die Vorteile dieser Technologie liegen in der kurzen, prägnanten Präsentation mit starren Zeitvorgaben, die lange Präsentationen und die damit verbundene Ermüdung des Hörers („Death-by-Powerpoint-Syndrom") von vornherein unmöglich machen.

10.2.2 Design Thinking

Design Thinking ist eine kundenzentrierte und iterative Methode, um komplexe Probleme zu lösen und neue Ideen zu entwickeln (Bild 10.5). Mit der Design Thinking-Methode gelingt es Ihnen, unter Berücksichtigung von Wirtschaftlichkeit, Machbarkeit und Attraktivität eine aus Kundensicht überlegene Lösung zu entwickeln.

Design Thinking basiert auf der Annahme, dass Probleme besser gelöst werden können, wenn Menschen unterschiedlicher Disziplinen in einem kreativitätsfördernden Umfeld zusammenarbeiten, gemeinsam eine Fragestellung entwickeln, die Bedürfnisse und Motivationen der Menschen berücksichtigen und dann Konzepte entwickeln, die immer wieder überprüft werden.

Der Prozess basiert auf der Arbeit von Designern, die als Kombination aus Verstehen, Beobachten, Standpunktbestimmung, Brainstorming, Prototypenentwicklung und Testen verstanden wird. Gleichzeitig steht das Wort Denken dafür, dass wie in einem Forschungsprojekt die Machbarkeit und Wirtschaftlichkeit der Innovationen systematisch untersucht wird.

Design Thinking vereint drei grundlegende Kernaspekte: Nutzen, Machbarkeit und Marktfähigkeit. Dementsprechend werden der Nutzen für den Menschen, die technologische Machbarkeit und die wirtschaftliche Marktfähigkeit in Einklang gebracht, um eine perfekte Innovation zu schaffen und das Problem fehlerfrei zu lösen. Alle Punkte sollten gleich gewichtet werden. Die sechs genannten und grundlegenden Schritte des Design Thinking lassen sich wie folgt beschreiben:

1. Verstehen
2. Beobachten
3. Sichtweise definieren

4. Idee finden
5. Prototypen entwickeln
6. Testen

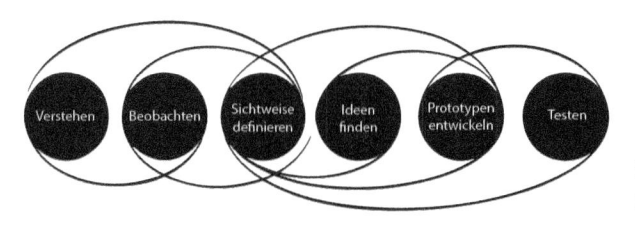

Bild 10.5
Design Thinking

(Verstehen, Beobachten, Sichtweise definieren, Ideen finden, Prototypen entwickeln, Testen)

> **Innovatives Design bei der Telekom durch Design Thinking**
>
> Die Deutsche Telekom ist in 14 Ländern aktiv, hat über 160 Millionen Kunden und einen Jahresumsatz von ca. 70 Mrd. Euro. Als ehemaliger Staatskonzern mit ca. 225 000 Mitarbeitenden ist die Deutsche Telekom inmitten eines atemberaubenden Transformationsprozesses von einem klassischen Infrastrukturunternehmen zu einem Vorreiter der Digitalisierung. Die Telekom hat sich zum Ziel gesetzt, ihre Kunden in einer zunehmend komplexer werdenden digitalen Welt immer und überall zu begleiten. Dazu gehören selbstverständlich eine erstklassige Netzqualität und ein hervorragender Service zu den notwendigen Voraussetzungen. Aber die entscheidende Aufgabe lautet, den immer mobileren Alltag von Menschen nachhaltig zu vereinfachen und ihr Leben mit Erlebnissen im digitalen Raum zu bereichern. Diese Aufgabe ist in erster Linie eine Frage des Designs von verlässlichen und einfach zu nutzenden Produkten und Diensten. Deshalb stand das Design von Produkten und Services zunächst im Mittelpunkt, als die Designabteilung bei der Telekom vor einigen Jahren an den Start ging. Aus einem kleinen Team von Designern wuchs eine der größten Designabteilung eines deutschen Unternehmens heran. Über 100 interne Designer arbeiten heute mit einem großen Netzwerk von Freelancern und nationalen und internationalen Designagenturen zusammen. In den Anfangsjahren stand die Entwicklung innovativer Produkte und Services im Mittelpunkt. Zugrunde lagen dabei Use Cases, die möglicherweise in den kommenden Jahren relevant werden könnten.
>
> Diese Visionen wurden in der Telekom Design Gallery erlebbar gemacht. In den Anfangsjahren entwickelte die Designabteilung eine einheitliche Design-Sprache und arbeitete mit viel Sturm und Drang an der Formgebung zahlreicher Produkte und Dienste sowie an der übergreifenden Verankerung einer neuen einheitlichen Experience in der diversifizierten Produktlandschaft. „Konsistenz ist für jede Marke unerlässlich. Erscheinungsbild, Haptik und Produktverhalten müssen wie in einem Ökosystem über die gesamte Erfahrungskette beim Kunden übereinstimmen", sagt Philipp Thesen, ehemals Designchef bei der Deutschen Telekom.

> Mit einer Experience Toolbox hat die Designabteilung schon früh Design-Leitfäden und Assets zusammengestellt, die diese „seamless Customer Experience" gewährleisten. Für die Gestaltung einer nahtlosen und positiven Kundenerfahrung ist das reibungslose „end-to-end"- Zusammenspiel von allen Services und Produkten von entscheidender Bedeutung. Gerade bei einem Anbieter wie der Telekom ist es komplex, im Hintergrund die Infrastruktur und Technologie so reibungslos aufeinander abzustimmen, dass der Kunde auch das Erlebnis hat, dass es für ihn persönlich ganz einfach ist und gut funktioniert.
>
> Wenn dieser Anspruch verwirklicht werden soll, kommt dem Designer bei der Telekom - wie in jedem anderen kundenorientierten Unternehmen - eine Schlüsselfunktion zu: er ist ganz klassisch der „Anwalt des Kunden", der für die beste Customer Experience kämpft, damit die Kunden von den Produkten und Services begeistert sind.
>
> „Design Thinking Doing" heißt das Handbuch, das die Designabteilung der Telekom für Kollegen im Konzern zur Verfügung stellt. Es enthält alle gängigen Methoden, Prozesse und Tools des Design Thinking, die für die standardisierten Produktentwicklungsprozesse bei der Telekom adaptiert worden sind. Eine digitale Version steht allen Mitarbeitenden zur Verfügung. Um die wesentlichen Prinzipien in den Köpfen möglichst vieler Mitarbeitender aus allen Ecken des Konzerns zu verankern, wurde darüber hinaus die Telekom Design Academy gegründet. Hier kann die Telekom-Belegschaft persönliche Schulungen, Seminare und Workshops besuchen, um sich mit den Methoden und Tools vertraut zu machen.

10.2.3 Brainstorming

Brainstorming ist eine von Alex F. Osborn 1939 entwickelte und von Charles Hutchison Clark modifizierte Methode zur Ideenfindung, welche die Erzeugung von neuen, ungewöhnlichen Ideen in einer Gruppe von Menschen fördern soll. Brainstorming ist die Abkürzung für „using the brain to storm a problem", was im Deutschen so viel heißt wie „das Gehirn dazu verwenden, ein Problem zu stürmen". Es ist also eine Methode, Ideen von mehreren Menschen zusammenzutragen. Folgende Schritte müssen beim Brainstorming eingehalten werden:

- Formulierung des Themas
- Auswahl der Teilnehmenden (empfohlen maximal sechs Teilnehmende)
- Bestimmung eines Moderators
- sichtbare Darstellung des Themas als Satz
- Sammeln der Ideen, zunächst jeder Teilnehmende für sich
- Äußern der Ideen durch die Teilnehmenden. Sammeln der Ideen durch den Moderator z. B. auf Flipchart, Folie, Wand

- Ergänzung weiterer Ideen (angeregt durch die vorgetragenen Ideen)
- Strukturierung der gesammelten Ideen in Gruppen
- Formulierung von Überschriften bzw. Kernaussagen zu den Gruppen
- Festlegung der weiteren Vorgehensweise

Bei Durchführung von Brainstorming gelten folgende Regeln:

- Möglichst viele Ideen finden! (Quantität vor Qualität!)
- Verständnisfragen sind erlaubt, Kritik ist verboten!
- Freies und spontanes „Spinnen" ist erlaubt! – Ideen anderer können aufgegriffen und weitergeführt werden.
- Bei Verwendung von Karten sollte für jede Idee eine Karte verwendet werden, dadurch ist die Strukturierung einfacher.

Die Sammlung und Darstellung der Ideen bzw. Arbeitsergebnisse kann in Form eines Affinitätsdiagramms erfolgen.

10.2.4 Mindmapping

Eine Mindmap (auch Mind-Map, englisch mind map; auch: Gedanken[land]karte, Gedächtnis[land]karte) beschreibt eine von Tony Buzan geprägte kognitive Technik, die man z. B. zum Erschließen und visuellen Darstellen eines Themengebiets, zum Planen oder für Mitschriften nutzen kann. Hierbei soll das Prinzip der Assoziation helfen, Gedanken frei zu entfalten und die Fähigkeit des Gehirns zur Kategorienbildung zu nutzen. Die Mindmap wird nach bestimmten Regeln erstellt und gelesen. Den Prozess bzw. das Themengebiet bzw. die Technik bezeichnet man als Mindmapping.

10.2.5 Action Learning Sets (ALS)

Action Learning (handlungsorientiertes Lernen) ist eine Methode des Erfahrungslernens („Learning by Doing") von einzelnen Individuen, kleinen oder größeren Gruppen in Unternehmen oder anderen Organisationen, die auf Reginald Revans zurückgeht (Hauser 2009). Beim Action Learning arbeitet ein Team an einem für eine Organisation konkreten und relevanten Projekt und reflektiert gleichzeitig den Lernprozess.

Action Learning basiert auf der Überzeugung, dass Mitarbeitende einer Organisation am besten anhand einer realen Herausforderung lernen. Durch die Anwendung von Action Learning entsteht ein gleichermaßen doppelter Nutzen: Einerseits wird ein Bedürfnis der Organisation befriedigt und andererseits werden Individuen und Gruppen weiterentwickelt.

Schlüsselerlebnis war für Revans der Untergang der Titanic. Revans' Vater gehörte zu der Kommission, die aufklären sollte, warum ein Schiff, welches von einer großen Zahl der besten Ingenieure Englands gebaut worden war und das als vollkommen unsinkbar galt, schon auf der Jungfernfahrt untergegangen war. Das Ergebnis der Kommission war erstaunlich: viele der Ingenieure gaben an, gelegentlich ernste Zweifel an der Konstruktion gehabt zu haben (Regans 2011). Da aber die zuständigen Stellen dies anders sahen, änderten sie ihre Wahrnehmung und glaubten schließlich selbst an die Unsinkbarkeit des Schiffs. Jetzt nach der Katastrophe erinnerten sie sich aber gut an ihre ursprünglichen Zweifel, die sich auf grausame Weise bewahrheitet hatten.

Das Phänomen, dass einzelne sich der Gruppenmeinung anpassen und die Gruppe so verhängnisvolle Entscheidungen trifft, nennt man Gruppendenken (engl.: groupthink). Dem will Action Learning entgegenwirken, indem in einem Team Menschen aus verschiedenen Bereichen zusammenarbeiten und kritische Fragen aus ihren unterschiedlichen Perspektiven stellen (Pedler 2011). Bild 10.6 zeigt die elementaren Punkte beim ALS.

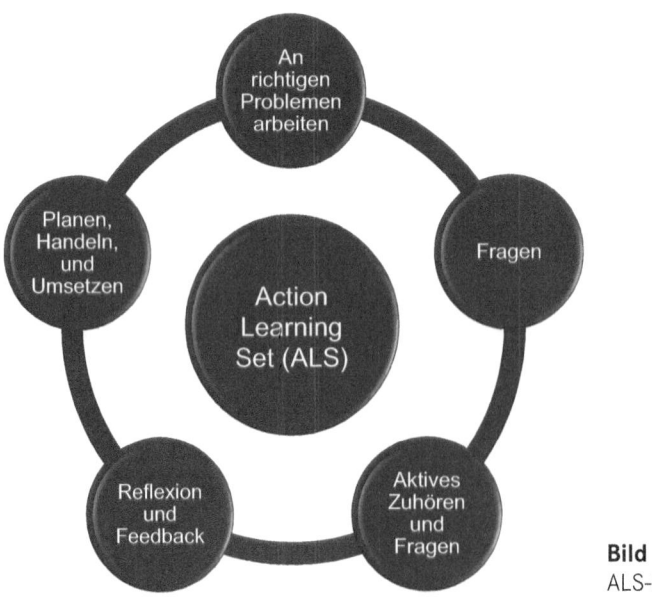

Bild 10.6
ALS-Punkte

10.3 Qualitäts- und Problemlösungswerkzeuge

10.3.1 A3-Methode

Mit der A3-Methode sollen Probleme identifiziert und Lösungen gefunden werden. Alle Informationen (Text und Grafiken) sollten möglichst übersichtlich und anschaulich auf einem A3-Blatt dargestellt werden, um besser Zusammenhänge erkennen zu können. Bild 10.7 zeigt ein entsprechendes Formular.

A3-Methode

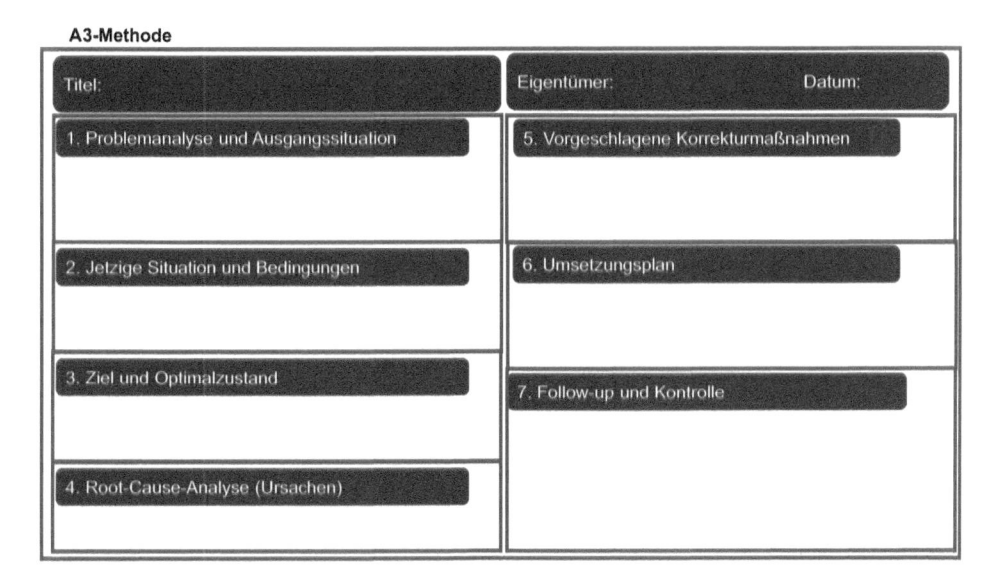

Titel:	Eigentümer:	Datum:
1. Problemanalyse und Ausgangssituation	5. Vorgeschlagene Korrekturmaßnahmen	
2. Jetzige Situation und Bedingungen	6. Umsetzungsplan	
3. Ziel und Optimalzustand	7. Follow-up und Kontrolle	
4. Root-Cause-Analyse (Ursachen)		

Bild 10.7 A3-Problemlösungsmethode

10.3.2 5 W-Methode

Die 5-Why-Methode (Tabelle 10.2), auch 5 W-Methode oder kurz „5-Why" beziehungsweise „5x-Warum" genannt, ist eine Methode im Bereich des Qualitätsmanagements zur Ursache-Wirkung-Bestimmung. Ziel der 5 W-Methode ist es:

- eine Ursache für einen Defekt oder ein Problem zu bestimmen. Die Anzahl der Nachfragen ist nicht auf fünf begrenzt, diese Zahl ist symbolisch zu verstehen. Wichtig ist, dass so lange nachgehakt wird, bis der fehlerverursachende Prozessschritt eindeutig identifiziert und nicht mehr weiter aufteilbar ist,

- durch immer tiefergehendes Nachfragen an die eigentliche Wurzel des Übels zu gelangen. Ist die Ursachenwurzel erkannt, ist es meist einfach entsprechende Maßnahmen zu definieren und einzuleiten.

Tabelle 10.2 5 W-Methode

W-Frage	Beschreibung
1 W	Warum startet das Fahrzeug nicht? Die Starterbatterie ist leer.
2 W	Warum ist die Starterbatterie leer? Die Lichtmaschine funktioniert nicht.
3 W	Warum funktioniert die Lichtmaschine nicht? Der Treibriemen ist gerissen.
4 W	Warum ist der Treibriemen gerissen? Der Treibriemen wurde nie ausgewechselt.
5 W	Warum wurde der Treibriemen nie ausgewechselt? Das Fahrzeug wurde bisher nie gewartet.

10.3.3 8D-Methode

Die 8D-Methode beschreibt einen teamorientierten Problemlösungsansatz für einen Prozess und legt eine Schrittfolge fest, die durchlaufen werden soll, wenn ein Problem mit unbekannter Ursache offensichtlich wird (Bild 10.8). Die aus der Automobilbranche stammende 8D-Problemlösungsmethode unterstützt durch eine systematische Herangehensweise bei der Problembeschreibung und Problemlösung. Dabei bedeutet „8D" acht Schritte, die nacheinander sorgfältig abzuarbeiten und nachvollziehbar zu dokumentieren sind. Es beginnt mit der Beschreibung der Grundursache, welche die Reklamation verursacht hat und führt dann durch weitere Schritte bis hin zur Ergreifung von Sofortmaßnahmen zur Abstellung des Problems:

- **D1: Teamaufstellung**
  Aufgrund der Fehlerkomplexität muss es sich um ein interdisziplinäres Team handeln, dessen Teilnehmende (teilweise) vom Tagesgeschäft freigestellt werden. Mindestens ein Teammitglied muss aus der unmittelbar betroffenen Organisationseinheit stammen. Bei sehr komplexen Fehlern, langer 8D-Projektdauer und Freistellung vom Tagesgeschäft ist an die Problematik der Reintegration der Teammitglieder in die Linie zu denken. Bei weniger komplexen Fehlern ist die Verknüpfung des 8D-Projekts mit der Linientätigkeit des Teamleiters und der Teammitglieder denkbar.

- **D2: Problembeschreibung**
  Im zweiten „D" werden die Probleme bzw. Fehler ausführlich von den Teammitgliedern beschrieben. Welche Problemsymptome gibt es? Wie kann das Problem eingegrenzt werden (Standorte, Prozesse, Produkte, ...)? Wo war der genaue Fehlerort? Welche Fehlerzeit liegt vor? Gibt es ein bestimmtes Fehlermuster? Welche Auswirkungen hat der Fehler auf den Kunden? Nimmt der Fehler Einfluss auf andere Bereiche und Prozesse?

- **D3: Sofortige Gegenmaßnahmen**
  Hier sollte sich das Team die Frage stellen, welche Sofortmaßnahmen eingeleitet werden können, um das Problem bzw. den Fehler zu minimieren. Nach Eingang der Kundenbeschwerde, -reklamation oder Rücksendung muss eine zügige Schadensbegrenzung mithilfe von Sofortmaßnahmen erfolgen.

- **D4: Ursachenanalyse (Root-Cause-Analyse)**
  Nach der Durchführung der schadensbegrenzenden Sofortmaßnahmen (D4) muss sich das (Projekt-)Team der detaillierten Ursachenanalyse widmen. Die detaillierte Ursachenanalyse soll das Unternehmen befähigen, die Wiederholung des beanstandeten Problems/Fehlers dauerhaft zu vermeiden. Bei der 8D-Methode werden ausführlich Vorgehensweisen zu Identifizierung des Fehlers genauer beleuchtet und mittels Praxisübungen durchgespielt.

- **D5: Auswahl der Korrekturmaßnahmen**
  Das 8D-Team wählt in Schritt D5 geeignete Korrekturmaßnahmen aus. Wird die Beanstandung abgelehnt, so ist der Kunde dennoch hierüber zu informieren, um ein schlüssiges Beschwerde- und Reklamationsmanagement sicherzustellen. Die Korrekturmaßnahmen sollen die Fehlerwiederholung (beim Kunden) abstellen. Dabei liegen die mittelfristigen Korrekturmaßnahmen zeitlich zwischen den Sofortmaßnahmen zur schnellen Schadensbegrenzung (D3) und den langfristig wirkenden Korrektur- bzw. Vorbeugungsmaßnahmen in Schritt D7.

- **D6: Implementierung und Validierung**
  Bei der Maßnahmenumsetzung müssen sowohl der Fortschritt der Maßnahme(n) als auch deren Wirksamkeit hinsichtlich der Problemlösung bzw. Fehlerbeseitigung gemessen werden. Nachdem die ausgewählten Maßnahmen in Simulationen, Probeläufen oder Pilotprojekten getestet wurden, können die eigentliche Maßnahmenumsetzung und die Verankerung ins Unternehmensgeschehen erfolgen.

- **D7: Sicherstellen der Präventivmaßnahmen**
  Die Vorbeugungsmaßnahmen lösen die Korrekturmaßnahmen (D5, D6) ab. Sie sind sowohl dem Qualitäts- als auch dem Risikomanagement zuzuordnen und sorgen für die nachhaltige Verbesserung der Prozesse, Produkte und Dienstleistungen.

- **D8: Abschluss und finales Meeting**
  Der Abschluss des Problemlösungsprozesses bzw. 8D-Projekts ist ein nicht zu unterschätzender Schritt innerhalb der 8D-Methodik. Die acht Schritte des Problemlösungsprozesses müssen spätestens zum Prozess- bzw. 8D-Projektabschluss vollständig im 8D-Report dokumentiert sein.

Bild 10.8
8D-Schrittreihenfolge

10.3.4 TRIZ

TRIZ ist das russische Akronym für „теория решения изобретательских задач", was sinngemäß übersetzt bedeutet: „Theorie des erfinderischen Problemlösens" oder „Theorie zur Lösung erfinderischer Probleme" bzw. im Englischen „Theory of Inventive Problem Solving". Es gibt bei der TRIZ-Methode verschiedene Werkzeuge, um an ein Problem heranzugehen. Prinzipiell folgt die Methode aber folgendem Bauplan: Aus einem spezifischen Problem wird durch das Herunterbrechen auf die Bestandteile ein allgemeines Problem abstrahiert. In dieser Abstraktion wird eine allgemeine Lösung mit den nötigen Werkzeugen, die TRIZ zur Verfügung stellt, gefunden. Am Ende der TRIZ-Methode steht dann die kreative Umwandlung der allgemeinen Lösung in die benötigte spezielle Lösung. So simpel das klingt, so kompliziert kann die Durchführung werden. Die TRIZ-Methode besteht aus einer Vielzahl an Werkzeugen, die in verschiedenen Methoden zum Einsatz kommen. Eine Möglichkeit, die TRIZ-Werkzeuge einzuteilen, ist in Tabelle 10.3 dargestellt.

Tabelle 10.3 TRIZ-Werkzeuge

Klassische Werkzeuge	Moderne Werkzeuge
Innovationsprinzipien	Prozessanalyse
Widerspruchsanalyse	Innovations-Checkliste
9-Fenster-Modell	Antizipierende Fehlererkennung
ARIZ	Operator MZK (Maße, Zeit, Kosten)
S-Kurve-Analysen	Trimming
Stoff-Feld-Analyse	Directed Evolution
76 Standardlösungen	Problemformulierung
Zwerge-Modellierung	

10.3.5 Ishikawa-Diagramm

Das Ishikawa-Diagramm (Fischgräten- oder Ursache-Wirkungs-Diagramm) ist die grafische Darstellung von Ursachen, die zu einem Ergebnis führen oder dieses maßgeblich beeinflussen. Alle Problemursachen sollen identifiziert und ihre Abhängigkeiten dargestellt werden. Die bekannteste Form wurde Anfang der 1940er Jahre vom japanischen Wissenschaftler Kaoru Ishikawa entwickelt und später auch nach ihm benannt. Das Ishikawa-Diagramm wurde ursprünglich im Rahmen des Qualitätsmanagements zur Analyse von Qualitätsproblemen und deren Ursachen angewendet. Heute lässt es sich auch auf andere Problemfelder übertragen und hat eine weltweite Verbreitung gefunden.

Das Ishikawa- oder Ursache-Wirkungs-Diagramm ist die grafische Darstellung des Zusammenhangs zwischen Ursachen und einer darauf beruhenden (positiven oder negativen) Wirkung bzw. eines dadurch maßgeblich beeinflussten Ergebnisses (Arbeitshilfe 5). Bild 10.9 zeigt das Ishikawa-Diagramm eines Lieferantenprojekts von Alstom mit den sechs Elementen Mensch, Maschine, Methode (Prozess), Mitwelt, Mitarbeitende und monetäre Aspekte.

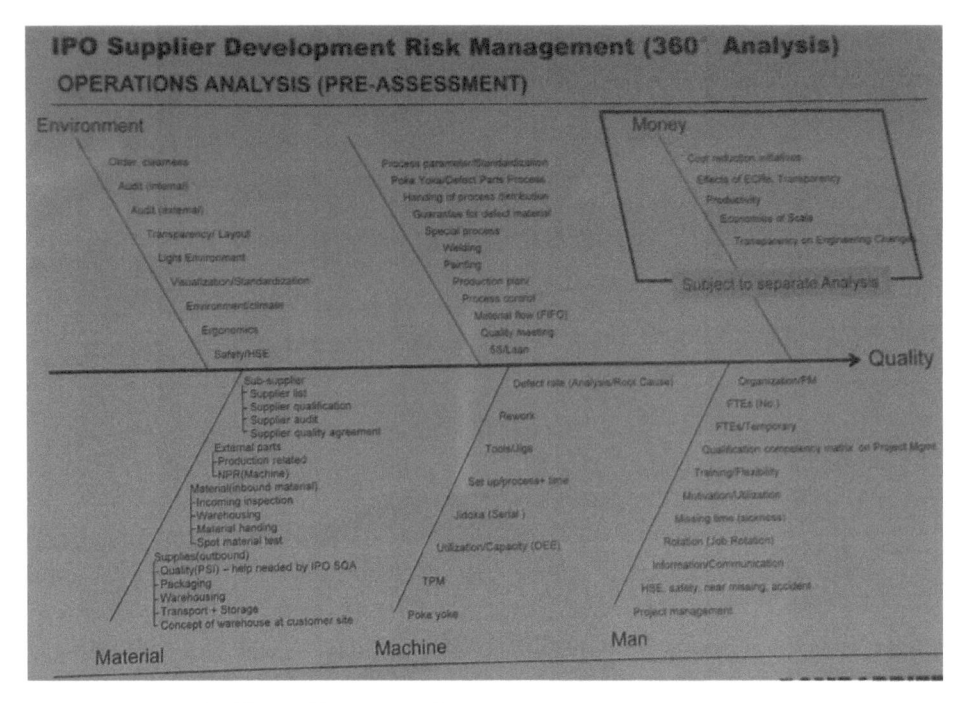

Bild 10.9 Beispiel Ishikawa-Diagramm bei Alstom

10.3.6 Statistische Prozesslenkung

Die statistische Prozesslenkung (auch statistische Prozessregelung oder statistische Prozesssteuerung, engl.: statistical process control, SPC genannt) wird üblicherweise als eine Vorgehensweise zur Optimierung von Produktions- und Serviceprozessen aufgrund statistischer Verfahren verstanden. Ziel der statistischen Prozessregelung ist, die wichtigen Kenngrößen eines Prozesses zu verfolgen, damit Abweichungen so rechtzeitig erkannt werden, dass vor der Entstehung fehlerhafter Produkte geeignete Korrekturmaßnahmen ergriffen werden können. Hinter SPC verbirgt sich die Philosophie, dass alle Abweichungen vom Sollwert bereits zu einem Verlust führen.

Die Praktizierung von SPC beinhaltet das regulierende Eingreifen in einen Fertigungsprozess, wenn das Verlustpotenzial durch systematische Fehler beeinflusst zu werden scheint, es z. B. sprunghaft ansteigt oder einen trendhaften Verlauf zeigt, ohne dass bereits Toleranzgrenzen verletzende Fehler aufgetreten sind.

10.3.7 Fehlermöglichkeits- und -einflussanalyse

Die FMEA (engl.: Failure Mode und Effects Analysis) ist eine analytische Methode des präventiven Qualitätsmanagements in der Produkt- und Prozessentwicklung. Sie dient dazu, rechtzeitig Risiken zu ermitteln, zu bewerten und geeignete Maßnahmen zur Risikominimierung vorzuschlagen und umzusetzen mit den Zielen, Produkte bzw. Prozesse zu verbessern und Fehlerkosten zu vermeiden (Rückrufaktionen, Ausbeute). Die FMEA wird mit dem Bewusstsein angewandt, dass systematische Betrachtungen hinsichtlich potenzieller Fehler und deren Dokumentation dabei helfen, Fehler zu vermeiden. Der frühzeitige und damit präventive Einsatz der FMEA hilft, fehlerfreie Erzeugnisse in den Markt zu bringen und unterstützt so die langfristige Sicherung des Unternehmenserfolgs. Die FMEA ist eine international anerkannte Methode zur qualitativen Risikoanalyse. Forderungen zur Risikoanalyse sind unter anderem in ISO 9001 und IATF 16949 beschrieben.

Bei der FMEA werden mögliche Produkt- oder Prozessfehler nach ihrer Bedeutung für den Kunden, ihrer Auftretenswahrscheinlichkeit und ihrer Entdeckungswahrscheinlichkeit mit jeweils einer Kennzahl bewertet (Helmold et al. 2022). Es gibt grundsätzlich zwei generische Arten der FMEA. Die Design-FMEA (DFMEA), auch als Produkt-FMEA bezeichnet, und die Prozess-FMEA (PFMEA). Andere existierende Varianten leiten sich aus diesen beiden Arten ab. Die DFMEA wird für die Entwicklung eines neuen Produktes verwendet (Helmold et al. 2022).

> **FMEA bei Bosch**
>
> Sie ist bei Bosch im Produktentstehungsprozess verankert und wird zur Optimierung von Produkten und Prozessen eingesetzt. Interdisziplinäre Arbeitsgruppen, bestehend aus Fachleuten der verantwortlichen Funktionsbereiche, erstellen mit Unterstützung des Methodenspezialisten (Moderator) die FMEA. Für eine effiziente FMEA-Durchführung wird ein Kernteam mit drei bis fünf Teilnehmenden gebildet, das für die durchgängige Bearbeitung der FMEA sorgt. Bei Bedarf sind weitere Experten einzubeziehen. Der Projektleiter ist für die Auswahl der richtigen Teilnehmenden verantwortlich. Für die Mitarbeit im Team ist die Kenntnis der FMEA-Methode erforderlich.
>
> In der Regel wirken Teilnehmende aus unterschiedlichen Bereichen (u. U. temporär) wie Entwicklung, Applikation, Qualität, Service, Verkauf, Fertigung, Einkauf, Versuch, Fertigungsplanung, Fertigungsausführung, Logistik, Anlagenplanung oder Qualität mit.

Der Einsatz eines Moderators stellt eine systematische und effiziente Bearbeitung sicher.

Vorteile von interdisziplinären Arbeitsgruppen sind z. B.:

- Das Wissen und die Erfahrung von Mitarbeitenden verschiedener Fachbereiche wird genutzt.
- Die Akzeptanz und Qualität der erstellten FMEA wird gesteigert.
- Die bereichsübergreifende Kommunikation und Zusammenarbeit wird gefördert.

10.3.8 Pareto-Analyse

Ein Pareto-Diagramm ist ein Säulendiagramm, in dem die einzelnen Werte der Größe nach geordnet wiedergegeben werden. Dabei befindet sich der größte Wert ganz links, der kleinste Wert ganz rechts im Diagramm. Das Pareto-Diagramm ist nach dem italienischen Ökonomen Vilfredo Pareto benannt. Verwendung findet es unter anderem im Lean Management in Bereichen wie Produktion, Einkauf, der Logistik oder dem Qualitätsmanagement. Das Pareto-Diagramm ist ein elementares Qualitätswerkzeug und dient als solches der Fehleranalyse.

Das Pareto-Diagramm beruht auf dem Pareto-Prinzip, nach dem die meisten Auswirkungen eines Problems (80 %) häufig nur auf eine kleine Anzahl von Ursachen (20 %) zurückzuführen sind. Es ist ein Säulendiagramm, das Problemursachen nach ihrer Bedeutung ordnet. Bild 10.10 zeigt beispielsweise, dass 80 % der Fehlerhäufigkeiten durch die ersten beiden Kategorien I und D verursacht werden.

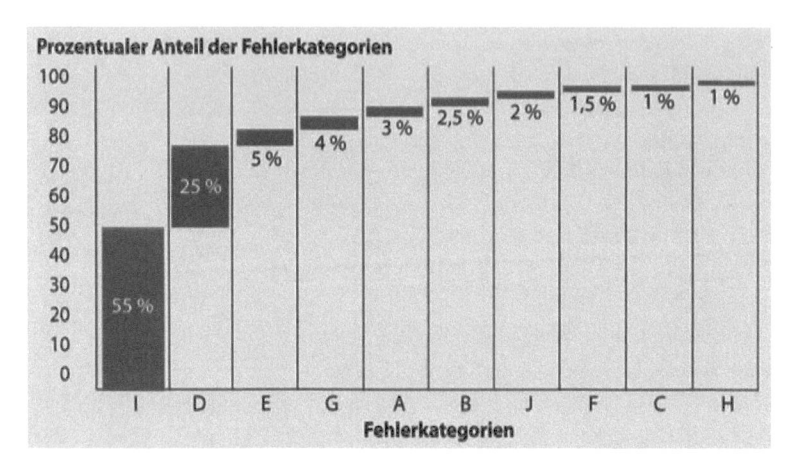

Bild 10.10 Pareto-Analyse

10.4 Digitale Werkzeuge im Lean Management

Elemente von Gesundheit, Sicherheit und Umwelt (HSE) gehören zu den wichtigsten Produktionsparadigmen. Um die Sicherheit des Bedieners zu gewährleisten, verwendet ein schlanker Ansatz Schilder, die den Bedienern zeigen, wohin sie gehen müssen. Ein anderer schlanker Ansatz verwendet eine detaillierte Nachverfolgung von Vorfällen und Beinahe-Unfällen, um Bereiche mit Verbesserungspotenzial zu identifizieren.

Unternehmen können kostengünstige drahtlose Sensoren verwenden, um die Effektivität solcher Bemühungen zu verbessern. Sie können die Bediener beispielsweise mit Sensoren ausstatten, die sie auf das Vorhandensein gefährlicher Gase oder die Möglichkeit einer Kollision mit in der Nähe befindlichen Gabelstaplern oder Lastwagen warnen. Unternehmen können die Sicherheit weiter verbessern, indem sie ihre Mitarbeitenden mithilfe von Virtual Reality schulen. Off-Site-Training in einer virtuellen Umgebung ist effizienter und effektiver als Training in einer realen Arbeitsumgebung und der Ansatz spricht die jüngere Generation von Arbeitnehmern an. Um die hohe Unfallrate bei Neueinstellungen zu reduzieren, hat ein Anbieter von Service-Rigs umfassende Schulungen entwickelt, in denen Mitarbeitende oft gefährliche Aufgaben in einer virtuellen Simulation der Baustelle ausführen (Küpper et al. 2017).

10.4.1 Digitale Qualitätssysteme und Poka Yoke

Viele Lean-Management-Tools wie Self Inspection, Poka Yoke und Jidoka wurden entwickelt, um die Fehlerwahrscheinlichkeit zu reduzieren und die Fehlerrate und -geschwindigkeit zu erhöhen. Analysen der Boston Consulting Group zeigen beispielsweise, dass Selbstinspektionen die Rückmeldung an Ingenieure und Bediener verbessern, die Fehlererkennung beschleunigt und die Fehlerquote um 50 bis 70 % reduziert. Um Fehler zu vermeiden, müssen Hersteller jedoch Selbstinspektionen unterstützen, indem sie einen datengesteuerten Analyseansatz verwenden, um die Grundursachen von Fehlern zu identifizieren. Industrie 4.0-Technologien und innovative Lean-Methoden ermöglichen eine solche Unterstützung, indem sie verlässliche Kontextdaten bereitstellen und ein detailliertes Tracking ermöglichen. Die Fehleranalyse wird beispielsweise durch kamerabasierte visuelle Inspektion, Korrelationsmodelle und Echtzeitüberwachung von Prozessparametern verbessert (Küpper et al. 2017).

10.4.2 Algorithmen und virtuelle Wartung

In vielen Fertigungsindustrien führen Geräteausfälle und -ausfälle zu hohen Lagerbeständen, erheblichen Betriebskapitalkosten und geringer Effizienz (Küpper et al. 2017). Unternehmen können schlanke Methoden wie autonome oder präventive Wartung einsetzen, um die Gesamtanlageneffektivität (OEE) zu steigern. Beispielsweise übertragen Unternehmen durch den Einsatz der autonomen Wartung ihren Bedienern die Verantwortung für bestimmte Do-it-yourself-Wartungsaktivitäten, wodurch Ausfallzeiten für die Behebung kleinerer Probleme erheblich reduziert werden. Führende Hersteller nutzen diese schlanken Methoden, indem sie fortschrittliche Analysealgorithmen und Techniken des maschinellen Lernens verwenden, um die riesigen Datenmengen zu analysieren, die von Sensoren erfasst werden. Die Ausgabe identifiziert potenzielle Fehler, bevor sie auftreten. Solche vorausschauenden Erkenntnisse bereiten Betreiber darauf vor, zum optimalen Zeitpunkt eine autonome Wartung durchzuführen, was Störungen reduziert und unnötige Ausfallzeiten und Ersatzkosten minimiert.

10.4.3 Kollaborative Roboter (Kobots) als ergänzende Partner in der Produktion

Die Automatisierungsbranche diskutiert seit einigen Jahren die Vision der „Losgröße Eins". Die Frage, die sich bei dieser Ausgabe stellt, ist, wie können Produktionsanlagen einzelne Artikel herstellen, ohne lange umzurüsten oder ineffizient zu werden? Mit den Möglichkeiten von Industrie 4.0 und innovativen Lean-Management-Tools wird es nicht mehr lange dauern, bis diese Vision Realität wird und eine umfassende Individualisierung in der Produktion ermöglicht. Um dieses Ziel zu erreichen, können Maschinen in der Produktion nicht mehr starr und unflexibel eingesetzt werden. Bisher werden sie meist nur für ein bestimmtes Produkt in Betrieb genommen, parametriert und abgestimmt, das dann über Monate oder sogar Jahre immer wieder neu gefertigt wird. Die Produktionslinien von morgen müssen flexibel sein – aufgebaut aus mehreren mechatronischen Modulen, die sich leicht umgestalten und neu kombinieren lassen, mit immer mehr Robotern oder „Kobots" (kollaborative Roboter, die Hand in Hand mit Menschen arbeiten). Außerdem sollte eine KI integriert werden, welche die Maschinen für das nächste – individualisierte – zu fertigende Produkt parametriert und einstellt.

10.4.4 Schaffung branchenweiter Standards für vernetzte Maschinen

Da Maschinen und Module im Werk dynamisch umgerüstet werden, ist eine Vernetzung wichtig. Standardisierte Protokolle für die computergestützte Fertigung und Montage werden eine Schlüsselrolle für das reibungslose Zusammenspiel von Geräten unterschiedlicher Hersteller spielen. Sperrige Kabel würden verschwinden und durch Funkprotokolle wie 5G und seine Nachfolger ersetzt werden. Aber Maschinen sind nicht nur miteinander verbunden, sondern auch mit Cloud-Systemen, in denen flexible Rechenleistung zur Verfügung steht, um leistungsstarke Algorithmen auf Geschäfts- und Engineering-Daten anzuwenden.

10.4.5 KI und Lean

Bild 10.11 zeigt neun Elemente künstlicher Intelligenz und Lean Management, die zu einem Wettbewerbsvorteil in der gesamten Wertschöpfungskette führen können (Helmold & Samara 2019):

- **Autonome Roboter**
  Ein autonomer Roboter ist ein Roboter, der Verhaltensweisen oder Aufgaben mit einem hohen Maß an Autonomie ausführt (ohne externen Einfluss). Autonome Robotik wird normalerweise als Teilgebiet der künstlichen Intelligenz, Robotik und Informationstechnik angesehen.

- **Virtuelle Lieferketten**
  Virtuelle Produktion wird in der Regel verwendet, um komplexe Szenen oder Szenen zu visualisieren. Im Allgemeinen kann sich die virtuelle Produktion auf alle Techniken beziehen, mit denen Filmemacher eine Art filmisches Element planen, sich vorstellen oder vervollständigen können, typischerweise mithilfe digitaler Werkzeuge.

- **Schlanke Simulationen**
  Schlanke Simulationen (engl.: Lean Simulations) umfassen eine Reihe von praktischen Experimenten, mit denen Mitarbeitende über System- und Prozessverbesserungen in allen Bereichen der Wertschöpfungskette unterrichtet werden. Lean Simulationen können sich auf Design, Fertigung, Kapazitätsplanung oder Supply-Chain-Design konzentrieren. Ziel von Simulationen ist es, die Auswirkungen von Eingabevariablen und Wechsel der Wertschöpfungskettenelemente zu verstehen.

- **Systemintegration**
  Lean Integration ist eine Methode zur kontinuierlichen Verbesserung, um unterschiedliche Daten- und Softwaresysteme zusammenzuführen. Ziel ist es,

den Kundennutzen zu maximieren. Lean Integration ist ein Managementsystem, bei dem die Beseitigung von Verschwendung als nachhaltige Datenintegrations- und Systemintegrationspraxis im Vordergrund steht.

- **Internet der Dinge**
  Das Internet der Dinge (Internet of Things, IoT) ist ein System miteinander verbundener Computergeräte, mechanischer und digitaler Maschinen, Objekte, Tiere oder Menschen, die mit eindeutigen Kennungen (UIDs) und der Fähigkeit ausgestattet sind, Daten über ein Netzwerk zu übertragen, ohne dass Menschen dazu verpflichtet sind -menschliche oder Mensch-Computer-Interaktion.

- **Cybersicherheit**
  Cybersicherheit ist der Schutz von mit dem Internet verbundenen Systemen, einschließlich Hardware, Software und Daten, vor Cyberangriffen. In einem Computerkontext umfasst Sicherheit Cybersicherheit und physische Sicherheit – beide werden von Unternehmen zum Schutz vor unbefugtem Zugriff auf Rechenzentren und andere Computersysteme verwendet.

- **Cloud Computing**
  Cloud Computing basiert auf gemeinsam genutzten Computerressourcen.

- **Additive Fertigung**
  Additive Manufacturing ist der industrielle Name für den 3D-Druck, ein computergesteuerter Prozess, bei dem dreidimensionale Objekte durch Ablegen von Materialien, normalerweise in Schichten, erzeugt werden. Der offizielle Industriestandardbegriff ist ASTM F2792 für alle Anwendungen der 3D-Technologie. Es ist definiert als der Prozess des Verbindens von Materialien, um Objekte aus 3D-Modelldaten herzustellen, normalerweise Schicht für Schicht, im Gegensatz zu subtraktiven Herstellungsmethoden.

- **Augmented Reality**
  Augmented Reality ist eine interaktive Erfahrung einer realen Umgebung, in der die in der realen Welt befindlichen Objekte durch computergenerierte Wahrnehmungsinformationen verbessert werden, manchmal über mehrere sensorische Modalitäten hinweg, einschließlich visueller, auditorischer, haptischer, somatosensorischer und olfaktorisch.

- **Big Data**
  Big Data ist ein Ausdruck, der ein riesiges Volumen an strukturierten und unstrukturierten Daten bezeichnet, das so groß ist, dass es mit herkömmlichen Datenbank- und Softwaretechniken schwierig zu verarbeiten ist. In den meisten Unternehmensszenarien ist das Datenvolumen zu groß oder es bewegt sich zu schnell oder es überschreitet die aktuelle Verarbeitungskapazität.

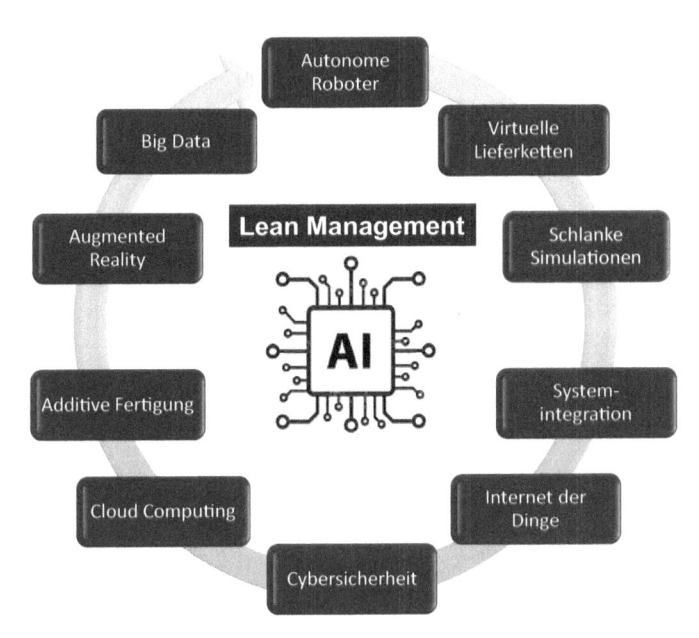

Bild 10.11 KI im Lean Management

Connected Industry bei Bosch

Mit Connected Industry bündelt Bosch Industrie-4.0-Aktivitäten auch in den Bereichen Software und Services. Kunden werden bei der Vernetzung des kompletten Wertstroms unterstützt. Alle 400 Bosch-Standorte weltweit hinterlassen keinen CO_2-Fußabdruck mehr. Die vernetzte Produktion ist dabei wesentlicher Erfolgsfaktor: Energieverbräuche können über Industrie-4.0-Lösungen erkannt und effizienter gestaltet werden. In über 100 Werken und Standorten weltweit setzt Bosch bereits auf die Energy-Plattform aus dem eigenen Industrie-4.0-Portfolio. Intelligente Algorithmen helfen dabei, Verläufe des Energieverbrauchs vorherzusagen, Auslastungsspitzen zu vermeiden oder Abweichungen von Energieverbräuchen zu korrigieren.

Das Bosch Center for Artificial Intelligence (BCAI) hat ein auf künstlicher Intelligenz (KI) basierendes System entwickelt, das Anomalien und Störungen im Fertigungsprozess frühzeitig erkennt und beheben kann. Dieser KI-Einsatz sorgt für eine effizientere, umweltfreundlichere Produktion mit besseren Produkten. In rund 50 Werken und 800 Fertigungslinien begleitet die KI-Lösung die Fertigung (Bosch 2021). Nach und nach soll sie in allen 240 Werken eingesetzt werden.

Literatur

Back, S.; Weigel, H.: (2014) *Design for Six Sigma. Kompaktes Wissen – Konkrete Umsetzung – Praktische Arbeitshilfen.* Hanser Verlag, München.

Bearingpoint: (2019) *Lean 4.0. Schlank durch Digitalisierung.* Retrieved 22.11.2019. https://www.it-production.com/allgemein/lean-4-0-schlank-durch-digitalisierung/.

Bertagnolli, F.: (2018) *Lean Management.* Springer, Wiesbaden.

Bertagnolli, F.: (2020) *Lean Management. Einführung und Vertiefung in die japanische Management-Philosophie.* 2. Auflage. Springer, Wiesbaden.

Bosch: (2021) *Roboter-Kollegen, Klimaschutz und KI.* Abgerufen am 10.11.2021. https://www.bosch-presse.de/pressportal/de/de/roboter-kollegen-klimaschutz-und-ki-227072.html.

Brunner, F.J. et al.: (2016) *Japanische Erfolgskonzepte, Kaizen, KVP, Lean Production, Management Total Productive Maintenance, Shopfloor Management Toyota Production System, GD3, Lean Development.* 3. überarbeitete Auflage. Hanser Verlag, München.

Buxmann, P.; Schmidt, H.: (2020) *Künstliche Intelligenz. Mit Algorithmen zum wirtschaftlichen Erfolg.* Springer, Wiesbaden.

Elis, V.: (2009) Von Amerika nach Japan – und zurück. Die historischen Wurzeln und Transformationen des Toyotismus, in: *Zeithistorische Forschungen/Studies in Contemporary History*, Online-Ausgabe, 6 (2009). Abgerufen am 6.8.2020. https://zeithistorische-forschungen.de/2-2009/4462.

Fiordelisi, F.; Renneboog, L.; Ricci, O. et al.: (2019) *Creative corporate culture and innovation.* Journal of International Financial Markets, Institutions and Money, 63.

Gower, F.; Revans, R.: (2011) *ABC of action learning.* Neuauflage. Routledge, London.

Hauser, B.: (2008) *Action Learning im Management Development. Eine vergleichende Analyse von Action-Learning-Programmen zur Entwicklung von Führungskräften in drei verschiedenen Unternehmen.* 2. aktualisierte Auflage. Hampp, München.

Helmold, M. et al.: (2022) Lean Management, Kaizen, Kata and Keiretsu. Best-Practice Examples and Industry Insights from Japanese Concepts. Springer, Heidelberg.

Helmold, M.: (2021) *Kaizen, Lean Management und Digitalisierung. Mit den japanischen Konzepten Wettbewerbsvorteile für das Unternehmen erzielen.* Springer, Heidelberg.

Helmold, M.; Samara, W.: (2019) *Progress in Performance Management. Industry Insights and Case Studies on Principles, Application Tools, and Practice.* Springer, Heidelberg.

Helmold, M.; Terry, B.: (2016) *Global Sourcing and Supply Management Excellence in China. Procurement Guide for Supply Experts.* Springer, Singapore.

Helmold, M.; Terry, B.: (2021) *Operations and Supply Management 4.0. Industry Insights, Case Studies and Best Practices.* Springer, Heidelberg.

Henao, R.; Sarache, W.; Gómez, I.: (2019) *Lean manufacturing and sustainable performance: Trends and future challenges.* Journal of Cleaner Production Volume 208, 20 January 2019, 99–116.

Hounshell, David A.: (1988) *Organisational Structure. The same old principles in the New Manufacturing. Harvard Business Review.* Retrieved 25.11.2019. https://hbr.org/1988/11/the-same-old-principles-in-the-new-manufacturing.

James R.; Lincoln, M.L.; Takahashi, G. et al.: (1997) *Keiretsu Networks in the Japanese Economy: An Analysis of Intercorporate Ties.* American Sociological Review. 57 (5), 561–585.

Kalkowsky, M.: (2004) *Nur Porsche hat das Lean Management begriffen: Interview with Prof. D. Jones.* Produktion. 31, 16.

Kuerble, P.; Helmold, M.; Bode, O.H. et al.: (2016) *Beschaffung-Produktion-Marketing.* Tectum, Marburg.

Küpper: (2017) *Boston Consulting Group. When Lean Meets Industry 4.0. The Next Level of Optional Excellence.* Retrieved 28.11.2019. https://www.bcg.com/publications/2017/lean-meets-industry-4.0.aspx.

Liker, J. K.: (2004) *The Toyota Way*. McGraw-Hill, Madison.

Liker, J. K.: (2020) *The Toyota Way. The Toyota Way: 14 Management Principles from the World's Greatest Manufacturer*. 2nd Ed. McGraw-Hill, Madison.

Liker, J. K.; Choi, T.: (2005) *Fordernde Liebe: Supply Chain Management*. Harvard Business Manager, 03, 60–72.

Meyer, P.: (2021) *Business Management. Toyota's Organizational Culture Characteristics: An Analysis*. Panmore Institute. Retrieved 7.11.2021. http://panmore.com/toyota-organizational-culture-characteristics-analysis.

Miller, C. C.; Wald, M. L.: (2013) *Self-Driving Cars for Testing Are Supported by U.S.* New York Times. Retrieved 10.12.2019. https://www.nytimes.com/2013/05/31/technology/self-driving-cars-for-testing-are-supported-by-us.html.

Nakano, M.: (2020) *Supply Chain Management. Strategy and Organization*. Springer, Cham.

Ohno, T.: (1990) *Toyota Production System. Beyond large Scale Production*. Productivity Press, New York.

Pedler, M.: (2011) *Action learning in practice*. 4. Auflage. Taylor & Francis, London.

Senge, P.: (2006) *The Fifth Discipline (Rough Cut): The Art & Practice of The Learning Organization*. Currency Publishing, New York.

Siebenmorgen, F.: (2016) *Industrie 4.0. Das Potenzial schon heute nutzen*. Retrieved 28.11.2019. https://www.supplyon.com/wp-content/uploads/import/DE_SCM%20Magazin_Industrie%204.0.pdf.

Sinha, N.; Matharu, M.: (2019) *A comprehensive insight into Lean management: Literature review and trends*. Journal of Industrial Engineering and Management. Vol 12, No 2.

Slack, N.: (1995) *Operations Management*. Pitman Publishing, London.

Slack, N.; Brandon-Jones, B. A.: (2021) *Slack: Operations and Process Management. Principles and Practice for strategic Impact*. 6th Ed. Pearson London.

Srai, J. S.; Gregory, M. F.: (2008) *A supply network configuration perspective on international supply chain development*. International Journal of Operations & Production Management. 28 (5), 386–411.

Statista: (2020) *www.statista.com*.

Thiele, K. O.: (2018) National culture and organizational culture in Japan, in: *The Views of Japanese Employees on Cross-Border M&As* (pp. 73–113). Springer Gabler, Wiesbaden.

Womack, J. P.; Jones, D. T.; Ross, D.: (1990) *The Machine That Changed the World: The Story of Lean Production*. National Bestseller.

Womack, J. P.; Jones, D. T.: (2003) *Lean Thinking: Banish Waste And Create Wealth In Your Corporation*. Simon & Schuster, Sydney.

11 Abkürzungsverzeichnis

AU	Augmented Reality
BST	Bombardier Sifang Transportation
DIN	Deutsches Institut für Normung
EI	Emotionale Intelligenz
EN	Europäische Norm
F & C	Finanzen und Controlling
FMEA	Fehlermöglichkeits- und -einflussanalyse
GAE	Gesamtanlageneffektivität
HRM	Human Resource Management
ICC	International Chamber of Industry and Commerce
IFM	Institut für Mittelstandsforschung
IHK	Industrie- und Handelskammer
IPO	International Procurement Organisation
ISO	International Standardization Organisation
IU	Internationale Hochschule
JIT	Just in Time
JV	Joint Venture
KI	Künstliche Intelligenz
KMU	Kleine und mittlere Unternehmen
LM	Lieferantenmanager/-managerin
MEP	Margin Enhancement Plan
MGM	Materialgruppenmanagement
MKM	Materialkostenmanagement
OEE	Overall Equipment Effectiveness

PDCA	Plan, Do, Check, Act
PESTEL	Political, Economic, Social, Technological, Environmental, Legal Aspects
QKL	Qualität, Kosten, Logistik
QKLT	Qualität, Kosten, Logistik, Technik
ROP	Risks and Opportunities
SCM	Supply Chain Management
SPC	Statistical Process Control
SPOC	Single Point of Contact
SWOT	Stärken-Schwächen-Analyse
TCO	Total Cost of Ownership
TIMWOOD	7 Arten der Verschwendung
TPM	Total Productive Maintenance
5R	5R-Prinzip
5S	5S-Konzept
7R	7R-Prinzip

12 Der Autor

Prof. Dr. Marc Helmold (M.B.A.) ist Professor an der IU Internationale Hochschule am Campus Berlin für Betriebswirtschaftslehre, Lean Management und Supply Chain Management (SCM). Vor seiner Berufung zum Professor war er in unterschiedlichen Führungspositionen bei namhaften Unternehmen in der Automobil- und Bahnindustrie tätig. Von 2002 bis 2006 hat er als Führungskraft im Rahmen eines gemeinsamen Projektes für Ford und Mazda in Japan gearbeitet und Aktivitäten und Workshops im Bereich Lean Management und Lieferantenmanagement im höheren dreistelligen Millionen-Euro-Bereich durchgeführt. Neben der Tätigkeit in der Automobilindustrie war er von 2010 bis 2017 bei Bombardier/Alstom tätig. Hier war er Leiter der Hauptabteilung Einkauf und Supply Chain Management (SCM) mit einem Einkaufsbudget im höheren dreistelligen Millionen-Euro-Bereich. In China war er bei der gleichen Firma von 2013 bis 2016 als Geschäftsführer der China-Aktivitäten für das internationale Einkaufsbüro (engl.: IPO, International Procurement Organization) und für den Vertrieb von Ersatzteilen in China verantwortlich. Insbesondere in Asien war die nachhaltige Berücksichtigung interkultureller Elemente bei allen Lieferantenmanagementaktivitäten notwendig. Die Projektvolumina beliefen sich auch hier im dreistelligen Millionen-Euro-Bereich. Das Einkaufs- und Vertriebsbüro hatte mehr als 75 Mitarbeitende an fünf Standorten in China.

Seine Promotion hat er an der Universität zu Gloucestershire im Bereich des Lieferantenmanagements abgeschlossen. Im Jahr 2016 ist er zum Professor an der IU in Berlin berufen worden. Parallel hat er seine eigene Beratungsfirma MaHeLeanCon in der Prozessoptimierung gegründet. Im Rahmen dieser Tätigkeit führt Prof. Helmold Schulungen für Praktiker und Akademiker im Bereich des Lean Managements durch.

Index

Symbole

5S-Audit 100, 103f.
5S-Konzept 114
5S-Methode 114, 117
8D 126

A

A3-Methode 125
Action Learning Sets 123
Additive Manufacturing 136
Andon 29, 108, 110f.
Augmented Reality 136
Autonomer Roboter 135

B

Baka Yoke 107
Big Data 136
BMW 96
Bosch 137f.
Brainstorming 120, 122f.

C

Change Management 89, 91f., 97
Chiiku 14
Cloud Computing 136
Coaching-Kata 35, 37ff.
Corrective Action Requests 99
Cybersicherheit 136

D

Design Thinking 120

E

Einkauf 143

F

Fließprinzip 17, 78, 84
FMEA 131f.
Ford 10, 17ff., 143

G

Gemba 6, 49f., 85
Gembutso 85
Genchi 85
Genjitsu 85
Gesamtanlageneffektivität 113, 134

H

Heijunka 109
HoRenSo 35
HSE 114, 133

I

Industry 4.0 138
Internet der Dinge 136
Ishikawa-Diagramm 129f.

J

Jidoka 107

K

Kaikaku 28
Kaizen X, 3 ff., 16 ff., 21, 23, 28, 87
Kanban 4, 18, 29, 39, 83 f., 109
Kata X, 3, 16, 35 f.
Keiretsu 3, 16, 19, 21, 53 ff., 87, 59 ff.
Kohai 14
Kotter's 8-Phasen-Modell 91 f.

L

Lean Management IX, 1 ff., 9, 11 f., 16 ff., 21, 87, 99, 138, 143
Lean Sensei 39
Lean Thinking 22, 87, 139
Lieferketten IX

M

Mindmapping 123
Mitsubishi 53, 56 f., 60
Mitsui 56 f.
Muda 6, 67 f.
Mura 7, 67 f.
Muri 7, 67 f.

N

Nemawashi 15
Nissan 56
Null-Fehler-Prinzip 81

O

Obeya 30
Organisationskultur 19 ff.

P

Pareto-Analyse 132
Pareto-Diagramm 132

Pecha Kucha 119
Poka Yoke 105, 133
Porsche X, 21, 49 f., 87
PPAP-Verfahren 102
Produktaudit 100, 102
Prozessaudit 101
Prozessoptimierung 1, 143

R

Riken 56

S

Schlanke Simulationen 135
Seiketsu 114, 116
Seiri 114, 116
Seiso 114, 116
Seiton 114, 116
Senpai 14
Shadowboards 111
Shitsuke 114, 117
Statistische Prozesslenkung 130
Sumitomo 56 f.

T

Taiiku 15
Takt-Prinzip 85
Taycan 50
TIMWOOD 67, 69, 71
Total Productive Maintenance 112, 138
Toyota-Produktionssystem 7
Toyota Seisan Hoshiki 15
Toyota Way 8, , 20 f., 87, 139
TPS 7, 15 f.
TRIZ 128

V

Verbesserungs-Kata 37 f.
Verschwendung 1, 4 ff., 10
Virtuelle Produktion 135
Visualisierung 4, 28 ff.

W

Wertschöpfung IX, 1, 17, 67
Womack 16 f., 22, 87, 139

Y

Yamazumi-Diagramm 110
Yattakoto 35

Z

Zaibatsu 53, 55 ff., 62, 65
Ziehprinzip 17, 81 ff.